*Dez minutos de oração
para transformar sua vida*

STORMIE OMARTIAN

Dez minutos de oração para transformar sua vida

Traduzido por
Susana Klassen

Copyright © 2010 por Stormie Omartian
Publicado originalmente por Harvest House Publishers, Eugene, Oregon, EUA

Os textos das referências bíblicas foram extraídos da *Nova Versão Internacional* (NVI), da Sociedade Bíblica Internacional, salvo indicação específica.

Todos os direitos reservados e protegidos pela Lei 9.610, de 19/02/1998.

É expressamente proibida a reprodução total ou parcial deste livro, por quaisquer meios (eletrônicos, mecânicos, fotográficos, gravação e outros), sem prévia autorização, por escrito, da editora.

Dados Internacionais de Catalogação na Publicação (CIP)
(Câmara Brasileira do Livro, SP, Brasil)

Omartian, Stormie

Dez minutos de oração para transformar sua vida / Stormie Omartian; traduzido por Susana Klassen — São Paulo: Mundo Cristão, 2011.

Título original: 10 Minutes to Powerful Prayer.

1. Louvor a Deus   2. Oração   I. Título.

11-03371   CDD — 248.3

Índice para catálogo sistemático:
1. Oração: Louvor a Deus: Prática religiosa   248.3

Categoria: Devocional

Publicado no Brasil com todos os direitos reservados por:
Editora Mundo Cristão
Rua Antônio Carlos Tacconi, 69, São Paulo, SP, Brasil, CEP 04810-020
Telefone: (11) 2127-4147
www.mundocristao.com.br

1ª edição: junho de 2011
14ª reimpressão (sistema digital): 2020

Sumário

Respostas antes mesmo de você perguntar   9

FOCO DE ORAÇÃO 1
Adore e louve a Deus por quem ele é   13

FOCO DE ORAÇÃO 2
Declare que Deus é o Senhor de sua vida   25

FOCO DE ORAÇÃO 3
Convide Deus para controlar seu dia   31

FOCO DE ORAÇÃO 4
Sujeite o corpo, o coração e a mente a Deus   37

FOCO DE ORAÇÃO 5
Confesse todo pecado de pensamento ou ação   45

FOCO DE ORAÇÃO 6
Busque a proteção de Deus   53

FOCO DE ORAÇÃO 7
Conte a Deus os desejos de seu coração   59

FOCO DE ORAÇÃO 8
Ore pelas pessoas em sua vida   65

FOCO DE ORAÇÃO 9
Interceda pelo mundo ao redor   75

FOCO DE ORAÇÃO 10
Peça que a vontade de Deus seja feita   83

Versão condensada dos dez focos de oração   89

Respostas a oração   91

*Aproximem-se
de Deus, e ele se
aproximará de vocês!*
TIAGO 4:8

Respostas antes mesmo de você perguntar

Que fique claro: este livro não é uma tentativa imprudente de reduzir a oração a uma fórmula. Também não estou tentando restringir a dez minutos o tempo que precisamos dedicar à oração. E, sem dúvida, não desejo trivializar a oração e transformá-la em uma "solução a jato" para nossos males, nem em uma forma de falar com Deus às pressas para cumprir nosso "dever" e prosseguir com as várias outras coisas "mais interessantes" que temos para fazer da vida.

Primeiro, a meu ver, a oração *é* interessante. Na verdade, considero-a fascinante. Isso porque orar é comunicar-se com Deus, e *ele* é fascinante. E aquilo que ele deseja fazer por meio de nossas orações é extraordinário. Quando você entende que orar é construir um relacionamento com Deus e faz uma parceria com ele, para ver a vontade dele se cumprir em sua vida e em suas circunstâncias, e na vida e nas circunstâncias de outros, descobre-se desejando orar com a maior frequência possível.

O que espero fazer neste pequeno livro é oferecer a você uma ferramenta prática para ajudar a suprir aquilo que, a meu ver, talvez seja uma necessidade em sua vida. O motivo pelo qual imagino que você tenha essa necessidade é porque *eu* a tenho. Se você é como eu, existem coisas pelas quais ora

10　Dez minutos de oração para transformar sua vida

repetidamente, como, por exemplo, sua saúde, a segurança dos membros de sua família, bênçãos sobre seu trabalho e suas finanças e orientação para tomar decisões. Mas é difícil encontrar tempo para orar pelas muitas outras pessoas e situações importantes de sua vida. Além disso, é fácil nos esquecermos de tipos essenciais de oração, como as de adoração e confissão. Não negligenciamos de propósito essas áreas importantes de oração, mas temos tantas coisas pelas quais orar que não conseguimos pensar em tudo.

Agora *você* não precisa pensar em tudo, pois *eu* providenciei uma estrutura (os focos mais importantes de oração) para ajudá-la a ter uma direção clara na hora de orar. Embora seja fácil se concentrar nas necessidades mais prementes, uma vez que elas ocupam sua mente, este livro servirá de lembrança para as outras coisas importantes que você não deseja esquecer.

Eu oro todos os dias por várias coisas e, ainda assim, sinto necessidade de uma lista preestabelecida que me lembre de incluir certas pessoas, situações e questões de minha vida e meu mundo que, de outro modo, acabaria deixando de fora. É comum ficarmos tão atarefadas ao longo do dia que não encontramos tempo para orar adequadamente sobre certos assuntos e, no fim das contas, nunca conversamos com Deus a respeito deles. Sei disso por experiência própria. Aliás, essa é minha situação no presente. Também preciso deste livro.

Como este livro pode ajudá-la

Em vez de ter dez *capítulos*, este livro é dividido em dez *focos de oração*. Cada parágrafo de todos esses dez focos é uma ideia completa. Desse modo, depois de ter lido o livro todo, *quando estiver com pouco tempo e precisar de incentivo e inspiração, poderá escolher um parágrafo de qualquer parte.*

Em cada um dos focos, incluí uma lista de possíveis temas de oração. Você pode escolher um ou mais itens a respeito dos quais deseja orar ou pode usá-los para estimular sua mente a se recordar de outras questões pessoais. Abaixo de cada lista de sugestões, você encontrará espaços em branco para acrescentar algumas palavras que a lembrem de determinados tópicos de oração que não deseja deixar de fora. Se você preencher esses espaços a lápis, à medida que suas orações forem respondidas, poderá apagar o que escreveu e anotar novos lembretes.

No final de cada foco de oração (ou capítulo), forneço um exemplo de oração para você fazer. Ele pode ser o ponto de partida para inspirar suas orações à medida que você pensar em outras coisas para acrescentar, ou consistir em uma oração completa.

No final de cada oração, você encontrará passagens da Escritura para ler, proclamar, pronunciar em voz alta, memorizar, ponderar, meditar ou simplesmente guardar em seu coração, conforme a ocasião e o interesse. Escolha uma ou duas passagens, ou tantas quanto seu tempo permitir. Sei que esses trechos da Bíblia lhe serão particularmente animadores, inspiradores e edificantes.

Se seu tempo for curto, mas, ainda assim, você tiver alguns momentos, é possível dedicar sessenta segundos a cada um destes dez focos de oração e completá-los todos em dez minutos. Eu lhe garanto que é gostoso abranger tantos assuntos em sua conversa com o Senhor, em vez de negligenciar inteiramente certas áreas de oração. Ninguém está dizendo, porém, que você deve limitar seu tempo de oração a dez minutos. Se desejar, você pode gastar dez ou vinte minutos em um único foco de oração. Pode dedicar uma hora só à adoração. Ninguém (muito menos Deus) está cronometrando você. Só estou afirmando que *é possível* orar pelos dez focos em dez minutos para ter a tranquilidade de saber que você colocou essas questões

12 Dez minutos de oração para transformar sua vida

importantes diante do trono do Senhor. Ao longo do restante do dia, você poderá, então, orar no momento mais apropriado por aquilo que está pesando em seu coração.

Para sua conveniência, quase no final do livro você encontrará uma versão condensada dos dez focos de oração. Assim, depois de ter lido tudo e preenchido as lacunas com seus interesses pessoais, você pode simplesmente folhear a seção final e, se tiver apenas alguns minutos, usá-la para orar sobre os tópicos indicados.

Bem no final do livro, há páginas com o título "Respostas a oração", nas quais você poderá fazer anotações. Peço a Deus que, em pouco tempo, essas páginas estejam abarrotadas. Vamos começar?

FOCO DE ORAÇÃO 1

Adore e louve a Deus por quem ele é

Adorar a Deus é uma das coisas mais poderosas que podemos fazer. Quando o louvamos, tiramos o foco de nós mesmas e nos voltamos inteiramente para ele. Essa é sempre a melhor maneira de se aproximar do Pai e começar a orar.

Orar é comunicar-se com Deus. E expressar amor, gratidão, adoração e louvor a ele é a melhor maneira de começar qualquer oração. Também é saudável para a mente e a alma, bem como para o corpo. Muitas vezes, em nosso dia atarefado, não adoramos nem louvamos a Deus tanto quanto deveríamos. Ele quer mais louvor do que lhe damos, pois tem muito mais que deseja *nos* dar. Quando o louvamos, o Senhor se revela a nós. E ele quer nos revelar tanto de si quanto pudermos receber. Grandes coisas acontecem quando adoramos a Deus, muito mais até do que percebemos.

Adorar é...
- abrir seu coração para Deus
- convidar a presença de Deus a habitar em você
- louvar a Deus por ser seu Criador
- exaltá-lo como Deus de amor
- honrar e agradecer a Deus tudo que ele tem feito

- agradecer a Jesus tudo que ele realizou na cruz
- entrar em contato com tudo que Deus é
- permitir que a santidade de Deus toque você
- oferecer-se ao Senhor
- demonstrar seu amor por Deus
- declarar sua lealdade ao Senhor
- elevar o coração e a mente a Deus
- preparar-se para receber tudo que Deus tem para você
- reconhecer que Deus é todo-poderoso
- abrir mão de todo o resto e apegar-se somente ao Senhor

Não importa o que esteja acontecendo em sua vida, Deus sempre é digno do seu louvor. É por isso que a adoração deve ser sua primeira reação a tudo. Deve se tornar um estilo de vida, uma prioridade. Você pode decidir acordar de manhã e ser grata a Deus, pois sabe que ele a ama mais do que você jamais será capaz de compreender plenamente. Comece seu dia louvando e adorando a Deus por tudo que ele é. E lembre-se de algumas das muitas formas que a adoração a Deus afeta sua vida.

Dez fatos sobre a adoração que afetam minha vida

- A adoração requer um ato de minha vontade.
- A adoração é uma escolha que preciso fazer todos os dias.
- A adoração sensibiliza meu coração e edifica minha fé.
- A adoração permite que eu me torne mais semelhante ao Senhor.
- A adoração é uma arma poderosa na guerra espiritual.
- A adoração me ajuda a ouvir Deus falar ao meu coração.
- A adoração faz todos os meus medos se dissiparem.
- A adoração convida Deus a fluir dentro de mim.
- A adoração aprofunda meu relacionamento com o Senhor.

- A adoração transforma minha mente, meu coração e minhas atitudes.

Existem inúmeras razões pelas quais você deve louvar a Deus. Ainda que você se lembre de apenas uma delas, terá motivação suficiente para adorá-lo e louvá-lo várias vezes ao longo do dia, especialmente a cada vez que orar.

DEZ BOAS RAZÕES POR QUE LOUVO A DEUS

Louvo a Deus porque ele é digno de meu louvor.
Deem ao SENHOR a glória devida ao seu nome, e entrem nos seus átrios trazendo ofertas. Adorem o SENHOR no esplendor da sua santidade; tremam diante dele todos os habitantes da terra (Sl 96:8-9).

Louvo a Deus porque o louvor me faz entrar em sua presença.
Venham! Cantemos ao SENHOR com alegria! Aclamemos a Rocha da nossa salvação. Vamos à presença dele com ações de graças; vamos aclamá-lo com cânticos de louvor. Pois o SENHOR é o grande Deus, o grande Rei acima de todos os deuses (Sl 95:1-3).

Louvo a Deus porque ele ouve minhas orações.
Sabemos que Deus não ouve pecadores, mas ouve o homem que o teme e pratica a sua vontade (Jo 9:31).

Louvo a Deus porque o louvor dá prazer a minha alma.
Aleluia! Como é bom cantar louvores ao nosso Deus! Como é agradável e próprio louvá-lo! (Sl 147:1).

Louvo a Deus porque ele faz tanto por mim.
Só ele cura os de coração quebrantado e cuida das suas feridas. Ele determina o número de estrelas e chama cada uma

pelo nome. Grande é o nosso Soberano e tremendo é o seu poder; é impossível medir o seu entendimento. Cantem ao Senhor com ações de graças; ao som da harpa façam música para o nosso Deus (Sl 147:3-7).

Louvo a Deus porque ele me guia em todas as situações.
Bendirei o Senhor, que me aconselha; na escura noite o meu coração me ensina! Sempre tenho o Senhor diante de mim. Com ele à minha direita, não serei abalado. Por isso o meu coração se alegra e no íntimo exulto; mesmo o meu corpo repousará tranquilo (Sl 16:7-9).

Louvo a Deus porque ele me livra e me liberta.
Ofereça a Deus em sacrifício a sua gratidão, cumpra os seus votos para com o Altíssimo, e clame a mim no dia da angústia; eu o livrarei, e você me honrará (Sl 50:14-15).

Louvo a Deus porque ele me salva de todas as maneiras possíveis.
Quem me oferece sua gratidão como sacrifício, honra-me, e eu mostrarei a salvação de Deus ao que anda nos meus caminhos (Sl 50:23).

Louvo a Deus porque ele me protege em tempos de adversidade.
Aquele que habita no abrigo do Altíssimo e descansa à sombra do Todo-poderoso pode dizer ao Senhor: Tu és o meu refúgio e a minha fortaleza, o meu Deus, em quem confio. Ele o livrará do laço do caçador e do veneno mortal [...]. Ele clamará a mim, e eu lhe darei resposta, e na adversidade estarei com ele; vou livrá-lo e cobri-lo de honra (Sl 91:1-3,15-16).

Louvo a Deus porque ele me cura e me dá vida.
Eu te exaltarei, Senhor, pois tu me reergueste e não deixaste que os meus inimigos se divertissem à minha custa.

Senhor meu Deus, a ti clamei por socorro, e tu me curaste. Senhor, tiraste-me da sepultura; prestes a descer à cova, devolveste-me à vida. Cantem louvores ao Senhor, vocês, os seus fiéis; louvem o seu santo nome (Sl 30:1-4).

Chamar Deus pelo nome

A Bíblia usa vários nomes para Deus. E também há muitas palavras que descrevem seus atributos. Creio que isso se deve ao fato de que, sem esses nomes e descrições, não podermos nem começar a entender tudo que Deus é. A Bíblia foi escrita para nos ajudar a conhecer a Deus e entender seus caminhos. Quanto mais soubermos sobre ele, mais seremos capazes de louvá-lo, adorá-lo, apreciá-lo e agradecer-lhe com a intensidade que ele deve ser reconhecido.

Cada um dos nomes de Deus mostra um aspecto de sua natureza e de seus atributos. Quando o reconhecemos e louvamos por quem ele é, a nossa fé em sua capacidade e em seu desejo de ser aquilo para nós aumenta. A Bíblia diz: "O nome do Senhor é uma torre forte; os justos correm para ela e estão seguros" (Pv 18:10). "O nosso socorro está no nome do Senhor, que fez os céus e a terra" (Sl 124:8).

O primeiro nome que reflete quem Deus é para você e pelo qual você deve agradecer é *Pai celestial*. Quando os discípulos pediram a Jesus que os ensinasse a orar, Jesus lhes deu a oração do Pai-nosso, que começa com o reconhecimento de que Deus é nosso Pai no céu. Começar a oração dessa forma ajudará você a se lembrar de que é, de fato, uma das filhas dele. Esse é um aspecto extremamente importante de seu relacionamento com Deus.

O segundo nome mais importante a ser lembrado é Jesus. Nunca subestime o poder contido nesse nome. Jesus disse: "O que vocês pedirem em meu nome, eu farei" (Jo 14:14). Se você deseja ver respostas para suas orações, peça em nome de Jesus, o nome acima de todos os nomes.

18 Dez minutos de oração para transformar sua vida

Abaixo estão relacionados alguns nomes e atributos de Deus que encontramos na Bíblia. Leia-os, escolha um ou mais cada vez que orar e agradeça ao Senhor por ser isso para você.

Nomes e atributos de Deus

Senhor, eu te agradeço porque tu és...

Deus Poderoso e Pai Eterno

Porque um menino nos nasceu, um filho nos foi dado, e o governo está sobre os seus ombros. E ele será chamado Maravilhoso Conselheiro, Deus Poderoso, Pai Eterno, Príncipe da Paz (Is 9:6).

O Deus que cura

Mas para vocês que reverenciam o meu nome, o sol da justiça se levantará trazendo cura em suas asas (Ml 4:2).

Paz

Pois ele é a nossa paz, o qual de ambos fez um e destruiu a barreira, o muro de inimizade (Ef 2:14).

Libertador

Quanto a mim, sou pobre e necessitado; apressa-te, ó Deus. Tu és o meu socorro e o meu libertador; Senhor, não te demores! (Sl 70:5).

Conselheiro

Bendirei o Senhor, que me aconselha; na escura noite o meu coração me ensina! (Sl 16:7).

Restaurador

Restaura-me o vigor. Guia-me nas veredas da justiça por amor do seu nome (Sl 23:3).

Redentor

O Redentor virá a Sião, aos que em Jacó se arrependerem dos seus pecados, declara o Senhor (Is 59:20).

O poder de Deus

Mas para os que foram chamados, tanto judeus como gregos, Cristo é o poder de Deus e a sabedoria de Deus (1Co 1:24).

Um lugar de repouso

Ovelhas perdidas foram o meu povo; os seus pastores as fizeram errar, para os montes as deixaram desviar; de monte em outeiro andaram, esqueceram-se do lugar de seu repouso (Jr 50:6, RC).

Refúgio para os pobres e abrigo contra a tempestade

Tens sido refúgio para os pobres, refúgio para o necessitado em sua aflição, abrigo contra a tempestade e sombra contra o calor quando o sopro dos cruéis é como tempestade contra um muro (Is 25:4).

Deus dos deuses que é poderoso e temível

Pois o Senhor, o seu Deus, é o Deus dos deuses e o Soberano dos soberanos, o grande Deus, poderoso e temível, que não age com parcialidade nem aceita suborno (Dt 10:17).

Rei dos reis e Senhor dos senhores

Guerrearão contra o Cordeiro, mas o Cordeiro os vencerá, pois é o Senhor dos senhores e o Rei dos reis; e vencerão com ele os seus chamados, escolhidos e fiéis (Ap 17:14).

Fortaleza no dia da angústia

O Senhor é bom, uma fortaleza no dia da angústia, e conhece os que confiam nele (Na 1:7, RC).

Proteção
Nossa esperança está no SENHOR; ele é o nosso auxílio e a nossa proteção (Sl 33:20).

Abrigo
Tu és o meu abrigo; tu me preservarás das angústias e me cercarás de canções de livramento (Sl 32:7).

Esperança
Pois tu és a minha esperança, ó Soberano SENHOR, em ti está a minha confiança desde a juventude (Sl 71:5).

Salvador
O meu espírito se alegra em Deus, meu Salvador (Lc 1:47).

Força e cântico
Deus é a minha salvação; terei confiança e não temerei. O SENHOR, sim, o SENHOR é a minha força e o meu cântico; ele é a minha salvação! (Is 12:2).

Consolador
E eu rogarei ao Pai, e ele vos dará outro Consolador, para que fique convosco para sempre (Jo 14:16, RC).

Aquele que me faz andar de cabeça erguida
Mas tu, SENHOR, és o escudo que me protege; és a minha glória e me fazes andar de cabeça erguida (Sl 3:3).

Espírito Santo e professor
Pois naquela hora o Espírito Santo lhes ensinará o que deverão dizer (Lc 12:12).

O Deus que tem compaixão

Gritem de alegria, ó céus, regozije-se, ó terra; irrompam em canção, ó montes! Pois o Senhor consola o seu povo e terá compaixão de seus afligidos (Is 49:13).

Provedor

O meu Deus suprirá todas as necessidades de vocês, de acordo com as suas gloriosas riquezas em Cristo Jesus (Fp 4:19).

Você verá que há um nome de Deus para atender a cada uma de suas necessidades. Nas linhas a seguir, faça uma lista das coisas de que você precisa. Ao lado de cada item, escreva um nome de Deus que atende a essa necessidade. Você pode copiar um dos nomes da lista acima ou escolher outro nome ou atributo de Deus que tenha encontrado em uma passagem da Bíblia.

Minha necessidade	Nome de Deus que atende a essa necessidade

O poder da oração

Senhor, coloco-me diante de ti com ações de graças. Adoro-te neste dia por ser o Criador onipotente do céu e da terra. Tu és o Deus todo-poderoso do universo para quem nada é impossível. Eu te exalto como meu Criador e te louvo por ser meu Pai celestial. Agradeço-te, pois tu és o Deus de amor, paz e alegria. "SENHOR, quero dar-te graças de todo o coração e falar de todas as tuas maravilhas. Em ti quero alegrar-me e exultar, e cantar louvores ao teu nome, ó Altíssimo" (Sl 9:1-2). Agradeço-te por tudo que tu és.

Obrigada porque enviaste teu Filho, Jesus, para ser meu Salvador e Redentor. Obrigada, Jesus, pelo preço que pagaste para me salvar. Obrigada por me resgatares, me perdoares e me dares vida nova. Obrigada pela dádiva do teu Espírito Santo em mim. Obrigada, Espírito, por me guiares, me consolares e me encheres novamente com amor, paz e poder. Obrigada por tua Palavra que me dá vida. Eu te louvo, Senhor, por tua bondade, graça e misericórdia, que duram para sempre.

Em nome de Jesus, amém.

O poder da Palavra

*Por meio de Jesus, portanto, ofereçamos
continuamente a Deus um sacrifício de louvor,
que é fruto de lábios que confessam o seu nome.*
HEBREUS 13:15

*No entanto, está chegando a hora, e de fato
já chegou, em que os verdadeiros adoradores
adorarão o Pai em espírito e em verdade.
São estes os adoradores que o Pai procura.*
JOÃO 4:23

*Cumprirei os votos que te fiz, ó Deus; a ti
apresentarei minhas ofertas de gratidão.
Pois me livraste da morte e os meus pés de
tropeçarem, para que eu ande diante de Deus
na luz que ilumina os vivos.*
SALMOS 56:12-13

Quem, pois, me confessar diante dos homens,
eu também o confessarei diante do meu
Pai que está nos céus.

MATEUS 10:32

Vocês, porém, são geração eleita, sacerdócio
real, nação santa, povo exclusivo de Deus, para
anunciar as grandezas daquele que os chamou
das trevas para a sua maravilhosa luz.

1PEDRO 2:9

Porque ele me ama, eu o resgatarei; eu o
protegerei, pois conhece o meu nome.

SALMOS 91:14

Ela invocará o meu nome, e eu lhe responderei.
É o meu povo, direi; e ela dirá: O SENHOR
é o meu Deus.

ZACARIAS 13:9

FOCO DE ORAÇÃO 2

Declare que Deus é o Senhor de sua vida

No instante em que recebemos Jesus como nosso Salvador, iniciamos uma nova vida. Desse momento em diante, Jesus tem a plena intenção de ser Senhor de *todas* as áreas de nossa existência. Por vezes, porém, retemos dele algumas partes de *nós* mesmas. Inicialmente, colocamos Jesus como Senhor de nossa vida, mas depois, por um motivo ou outro, negamos seu senhorio em determinadas áreas. Deixamos que ele seja Senhor dos domingos, mas não das noites de sábado. Convidamos Jesus para ser Senhor de nosso trabalho, mas não de nossas finanças. Queremos que ele seja Senhor de nossos relacionamentos, mas não de nossos hábitos pessoais. A melhor maneira de garantir o senhorio de Jesus sobre *todas* as áreas de sua vida é *convidá-lo* para ser Senhor de tudo. E depois, *declarar* esse fato com frequência e de maneira específica.

A fim de combater a tendência de querer controlar as coisas em nossa vida, devemos confessar diariamente que Jesus é Senhor. A Bíblia diz a respeito de Jesus: "Por isso Deus o exaltou à mais alta posição e lhe deu o nome que está acima de todo nome, para que ao nome de Jesus se dobre todo joelho, nos céus, na terra e debaixo da terra, e toda língua confesse que Jesus Cristo é o Senhor, para a glória de Deus Pai" (Fp 2:9-11).

Confessar que Jesus é Senhor é um ato deliberado de fé e nos ajuda a lembrar que *somente ele* (e ninguém ou nada mais) domina todas as áreas de nossa vida. O nome de Jesus deve fazer todos os aspectos de nosso coração se curvarem diante dele, reconhecendo-o como Senhor.

Usamos nosso livre-arbítrio para determinar qual caminho seguiremos: o *nosso* ou o *de Deus*. Declarar que ele é Senhor sobre nossa vida é sujeitar nossa vontade à vontade dele. É dizer: "Não seja feita a minha vontade, mas a tua, Senhor". Quando proclamamos essa verdade diante do Senhor, *nosso* caminho começa a se alinhar com o caminho *de Deus*.

Diga: "Jesus, sê Senhor de todas as áreas de minha vida" e, em seguida, cite as áreas específicas que você tem dificuldade de entregar a ele. Se você não sabe ao certo quais são esses aspectos, diga: "Senhor, há alguma parte de meu coração ou de minha vida que ainda não entreguei completamente a ti?". Se houver, ele lhe mostrará. Mas Deus não entra à força; deseja ser convidado. Ele quer compartilhar de si mesmo com você, mas você precisa estar aberta para compartilhar todas as partes de seu ser com ele.

ÁREAS DE MINHA VIDA DAS QUAIS PRECISO QUE JESUS SEJA SENHOR

Jesus, peço que sejas Senhor sobre as seguintes áreas de minha vida:

- pensamentos
- emoções
- finanças
- dia
- casamento
- relacionamentos
- trabalho
- futuro
- lazer
- corpo
- saúde
- cuidados com a saúde
- temores
- tempo
- filhos
- planos

- hábitos pessoais
- atitudes
- sonhos
- carreira
- mente
- Outras:
- _____
- _____
- _____

- ofertas
- gastos
- decisões
- palavras
- ministério
- _____
- _____
- _____
- _____

Você precisa de apenas alguns minutos por dia para reconhecer que Jesus é Senhor sobre sua vida, mas os efeitos são enormes e abrangentes. Quando proclamar que Jesus é Senhor de suas finanças, ele as abençoará. Quando declarar que Jesus é Senhor de seus hábitos pessoais, ele a ajudará a resistir a hábitos prejudiciais, doentios ou destrutivos. Quando convidá-lo a ser Senhor sobre seus relacionamentos, descobrirá que as boas relações se fortalecerão e as más influências acabarão por desaparecer. Todas essas mudanças ocorrerão simplesmente em resultado de ter mais de Jesus em sua vida — e quem não precisa disso?

Declare diariamente que Jesus é Senhor de todas as áreas de sua vida. Treine seu coração para não se curvar diante de ninguém, nem de nada, além do Senhor de sua vida.

O poder da oração

Jesus, eu te convido a ser Senhor de todas as áreas de minha vida. Oro especialmente para que sejas Senhor de: _____

_____

_____

_____

Entrego essas áreas de minha vida a ti e peço que reines sobre elas em todos os sentidos. Quero que *tu* estejas no controle, e não eu. Assim como teus discípulos reconheceram que és Senhor, também reconheço que és Senhor de todas as coisas (Jo 13:13). Ajuda-me a amarte de todo o coração, toda a alma e todo o entendimento como meu Senhor e Salvador, conforme ordenaste em tua Palavra (Mt 22:37). Ajuda-me a confiar em ti de todo o meu ser e não tentar levar a vida com minhas próprias forças (Pv 3:5).

Jesus, certa vez, perguntaste por que as pessoas te chamam de Senhor e, no entanto, não fazem o que pedes (Lc 6:46). Ajuda-me a sempre dar provas de teu senhorio em minha vida ao viver em obediência aos teus caminhos e às tuas leis.

Governa minha mente, meus pensamentos, minhas atitudes e emoções. Governa meu trabalho, minhas finanças, ofertas e meus gastos. Governa meu modo de usar o tempo. Governa todos os meus relacionamentos, meu casamento e meus filhos. Governa meus planos, minhas decisões, minha carreira e meu ministério. Governa minha saúde, meus hábitos e as palavras que saem de minha boca. Governa meus sonhos, temores e meu futuro. Proclamo-te Senhor de toda a minha vida.

Amém.

O poder da Palavra

Se vivemos, vivemos para o Senhor;
e, se morremos, morremos para o Senhor.
Assim, quer vivamos, quer morramos,
pertencemos ao Senhor.
ROMANOS 14:8

Por isso, eu lhes afirmo que ninguém
que fala pelo Espírito de Deus diz:
"Jesus seja amaldiçoado"; e ninguém
pode dizer: "Jesus é Senhor", a não
ser pelo Espírito Santo.
1CORÍNTIOS 12:3

Vocês me chamam "Mestre" e "Senhor",
e com razão, pois eu o sou.
JOÃO 13:13

Respondeu Jesus: "Ame o Senhor, o seu Deus
de todo o seu coração, de toda a sua alma
e de todo o seu entendimento".
MATEUS 22:37

O SENHOR está perto de todos
os que o invocam, de todos os que
o invocam com sinceridade.
SALMOS 145:18

Hoje, na cidade de Davi, lhes nasceu
o Salvador, que é Cristo, o Senhor.
LUCAS 2:11

Por que vocês me chamam "Senhor, Senhor"
e não fazem o que eu digo?
LUCAS 6:46

*Vocês conhecem a mensagem enviada por Deus
ao povo de Israel, que fala das boas-novas de
paz por meio de Jesus Cristo, Senhor de todos.*
ATOS 10:36

FOCO DE ORAÇÃO 3

Convide Deus para controlar seu dia

Já aconteceu de você imaginar que as atividades do dia correriam de uma forma, mas as coisas tomaram um rumo completamente diferente do esperado? É provável que você esteja pensando: "Quem nunca teve um dia assim?". Todas nós passamos por isso; faz parte da vida. E pode ser bom ou ruim. Quando imprevistos acontecem quase *todos* os dias, é ruim. Não é nada agradável ver as coisas fugirem do controle o tempo todo. Descobri que, quando pedimos a Deus que controle nosso dia, ele transcorre melhor. E, se nem tudo sair conforme planejamos e acontecer o inesperado, ainda assim teremos mais paz. Perceberemos que, mesmo que algo tenha sido imprevisto para nós, não foi surpresa para Deus.

Todos os dias, você enfrenta uma porção de desafios, mas pode convidar o Senhor para reinar sobre cada um deles. Peça que ele ordene seus passos, limpe seu caminho, proteja você e controle seu dia. É particularmente eficaz orar desse modo logo de manhã, pois você se sentirá mais segura por saber que Deus está no controle de todos os aspectos do dia. Jesus nos ensinou a pedir aquilo de que precisamos em nosso dia. Disse para orarmos: "Dá-nos hoje o nosso pão de cada dia" (Mt 6:11). Não é um tipo de oração para "algum momento no futuro". Trata-se de uma oração por nossas necessidades imediatas.

32   DEZ MINUTOS DE ORAÇÃO PARA TRANSFORMAR SUA VIDA

Mesmo que você só faça essa oração no final da tarde, ainda terá o restante do dia (e da noite) para entregar a Deus. Se você a fizer à noite, entregue ao Senhor o dia que passou. Peça a ele que controle tudo que aconteceu e redima o que for necessário. Depois, ore pelo dia seguinte e por todas as atividades que ocorrerão durante ele.

Sejam quais forem as tarefas de hoje que a preocupem, mesmo que o dia esteja quase no fim, conte para Deus. Descreva para ele de que maneiras você deseja que ele abençoe seu dia e peça direcionamento e auxílio. Não deixe nada de fora. Se é importante o suficiente para lhe causar alguma preocupação, é importante o suficiente para ser colocado diante do Senhor, pois tudo que importa para *você* também importa para *ele*.

Abaixo, uma lista de preocupações corriqueiras — é possível que você tenha de lidar com algumas delas hoje — que você pode apresentar ao Senhor. Procure lembrar-se de outras questões e acrescentá-las ao final da lista.

QUESTÕES NAS QUAIS PRECISO QUE O SENHOR ME GUIE HOJE:

Senhor, peço que abençoes o meu dia e controles...

- as coisas que preciso resolver na rua
- as contas que tenho de pagar
- o trabalho que devo realizar
- as conversas que preciso ter
- as decisões que tenho de tomar
- os projetos que devo começar ou concluir
- as preocupações que ocupam minha mente
- as pessoas com as quais preciso me encontrar
- aquilo que desejo realizar
- as situações em que preciso de ajuda
- as coisas que *não quero* que aconteçam
- as situações em que preciso de orientação

CONVIDE DEUS PARA CONTROLAR SEU DIA 33

- os eventos que eu *espero* que aconteçam
- as pessoas com as quais tenho de interagir
- os *e-mails* que preciso enviar
- as cartas que preciso escrever
- os telefonemas que tenho de dar
- as viagens que preciso realizar
- os estudos que devo completar
- as reuniões das quais participarei
- as aptidões que preciso desenvolver
- o entendimento que preciso ter
- os relacionamentos que desejo preservar
- as compras que tenho de fazer
- o direcionamento de que necessito
- Outras: _____
- _____
- _____
- _____
- _____
- _____
- _____

Ao orar sobre seu dia, não deixe nada por conta do acaso. Descreva questões específicas nas quais você gostaria de receber orientação de Deus. Diga: "Senhor, coloco diante de ti a consulta que tenho com o médico, a reunião com meu chefe, o telefonema com minha vizinha e aquilo que preciso comprar". Ao pedir que Deus controle tudo isso, não obstante o rumo que seu dia tome, você saberá que ele está presente. Enquanto estiver orando sobre seu dia, Deus lhe trará à memória coisas das quais você precisa se lembrar e nas quais talvez não pensaria se não estivesse orando. Descobri que quando entrego meu dia a Deus logo cedo, é bem menos provável que ele saia do controle mais adiante.

34   Dez minutos de oração para transformar sua vida

Uma das áreas que você pode pedir ajuda a Deus a cada dia é que lhe dê a capacidade de falar somente palavras agradáveis a ele (Sl 19:14). Infelizmente, é muito fácil dizer algo errado na hora errada e prejudicar a si mesma ou magoar alguém sem a intenção de fazê-lo. Peça que Deus a ajude a dizer palavras que promovam vida em todos que as ouvirem. Peça ao Senhor que encha seu coração com a Palavra e o amor dele. "Ao homem pertencem os planos do coração, mas do SENHOR vem a resposta da língua" (Pv 16:1).

Quando preparamos nosso coração com orações e com a leitura da Palavra de Deus logo cedo, Deus pode nos guiar em tudo que dissermos. Jesus declarou: "Raça de víboras, como podem vocês, que são maus, dizer coisas boas? Pois a boca fala do que está cheio o coração" (Mt 12:34). Peça que o Espírito Santo encha seu coração a cada dia com mais do poder e da natureza dele, para que as palavras de sua boca abençoem os outros e glorifiquem a Deus.

Convide o Senhor para controlar seu dia e peça a ele que promova ordem e sucesso em tudo que você fizer. Ao proceder desse modo, você terá um dia repleto de maior paz e se sentirá mais realizada.

O poder da oração

Senhor, entrego o meu dia a ti e peço que o controles do início ao fim. Capacita-me a realizar todas as minhas atividades com sucesso e excelência. Ajuda-me a ser cuidadosa, e não descuidada. Ajuda-me a trabalhar com diligência, e não preguiça. Ajuda-me a fazer tudo com esmero, e não com desleixo. Sei que não tenho condições de realizar todas as tarefas do meu dia sem tua ajuda.

Não quero pensar que, pelo simples fato de ter realizado algumas dessas tarefas antes, elas sempre darão certo. Sei que, por vezes, até as coisas mais simples podem se tornar um problema ou um desafio. Não presumirei, portanto, que tudo correrá bem automaticamente. Por isso, entrego todas as horas de meu dia ao Senhor e peço que controles tudo que farei.

A questão específica na qual preciso de mais ajuda hoje é: _____

Desejo que o Senhor me guie hoje das seguintes maneiras: _____

Minha maior preocupação hoje é: _____

Estas são as coisas que desejo realizar hoje: _____

Preciso encontrar e conversar com as seguintes pessoas: _____

Algo que eu espero que aconteça hoje: _____

Algo que não desejo que aconteça hoje: _____

Senhor, obrigada porque estás na direção do meu dia e de tudo que acontece. Mantém-te no controle das surpresas, dos imprevistos, daquilo que pode se encaminhar de maneira diferente dos meus planos. Permite que eu ouça tua voz falar ao meu coração, dizendo qual caminho devo seguir e o que devo fazer.

Em nome de Jesus, amém.

O poder da Palavra

*Este é o dia em que o SENHOR agiu;
alegremo-nos e exultemos neste dia.*
SALMOS 118:24

*Reconheça o SENHOR em todos os seus
caminhos, e ele endireitará as suas veredas.
Não seja sábio aos seus próprios olhos;
tema o SENHOR e evite o mal.*
PROVÉRBIOS 3:6-7

*Sua obra será mostrada, porque o Dia a trará
à luz; pois será revelada pelo fogo, que provará
a qualidade da obra de cada um.*
1CORÍNTIOS 3:13

*Não se gabe do dia de amanhã, pois você não
sabe o que este ou aquele dia poderá trazer.*
PROVÉRBIOS 27:1

*Quem quiser amar a vida e ver dias felizes,
guarde a sua língua do mal e os seus
lábios da falsidade.*
1PEDRO 3:10

*Melhor é um dia nos teus átrios do que mil
noutro lugar; prefiro ficar à porta da casa do
meu Deus a habitar nas tendas dos ímpios.*
SALMOS 84:10

*Não se esqueçam disto, amados: para o
Senhor um dia é como mil anos, e mil anos
como um dia.*
2PEDRO 3:8

FOCO DE ORAÇÃO 4

Sujeite o corpo, o coração e a mente a Deus

Seu corpo, inclusive seu coração e sua mente, é templo do Espírito Santo. Por isso Deus quer que você cuide bem dele. Uma vez que o Espírito Santo vive em você, cuidar do corpo, da mente e das emoções é algo que você faz tanto para *ele* quanto para si mesma. Embora você não precise ficar ansiosa por causa de seu corpo, deve cuidar do templo que Deus lhe deu. Não pode alimentá-lo incorretamente, deixá-lo sem exercício adequado, enchê-lo de substâncias tóxicas, raramente lhe dar descanso suficiente e depois reclamar que ele não tem a *aparência* que você gostaria ou não *faz* o que você quer. É importante ser grata por seu corpo e tratá-lo bem.

Deus diz que deseja que você apresente seu corpo a ele como sacrifício vivo. Deseja que você administre bem o corpo dado por ele. Para fazer isso, porém, você precisa da ajuda divina. Todo dia, você faz escolhas sobre como usar seu corpo: o que come, quanto exercício faz, como descansa e se é obediente aos caminhos e às leis de Deus nessa área. Peça ao Senhor que a guie no cuidado diário de sua saúde e lhe conceda cura quando necessário.

Por vezes, desrespeitamos as leis de Deus no tocante ao cuidado de nosso corpo por não sabermos o que é certo. Por isso, devemos pedir ao Senhor que nos mostre o que fazer e nos ajudar a fazê-lo. Na maioria das vezes, porém, simplesmente desejamos agir do nosso modo. Declaramos que Jesus é Senhor de nossa vida, mas não de nosso corpo, nem de nossa forma de cuidar da saúde. Muitos dos problemas de saúde que sofremos são consequência de termos desrespeitado alguma lei natural de Deus. Precisamos pedir ao Senhor que nos ajude a viver de modo agradável a ele no tocante aos cuidados com a saúde. Quando oramos dessa maneira, Deus nos guia (Is 30:21). Uma vez que nossa saúde é tão importante, precisamos orar a esse respeito todos os dias. Abaixo, relacionei vários tópicos sobre esse assunto. Escolha alguns deles cada vez que orar a fim de aprender a cuidar bem de seu corpo.

VINTE TÓPICOS PARA ORAR SOBRE O CUIDADO COM MEU CORPO

Senhor, abençoa meu corpo e ajuda-me a...

- alimentar-me corretamente e ter vontade de ingerir comidas saudáveis
- fazer algum tipo de exercício saudável várias vezes por semana
- ter um sono profundo e reparador
- controlar meu nível de estresse
- livrar-me de todas as toxinas
- fazer os exames médicos de rotina apropriados
- não ignorar os sinais de aviso de meu corpo
- quando necessário, tomar suplementos alimentares adequados
- não fazer coisas que me levarão a adoecer
- tomar as devidas precauções para evitar enfermidades
- não comer além da conta
- evitar alimentos que eu sei que não são bons para mim
- encontrar paz ao dedicar tempo à oração e à tua Palavra

SUJEITE O CORPO, O CORAÇÃO E A MENTE A DEUS   39

- simplificar minha vida de todas as maneiras possíveis
- encontrar paz na simplicidade
- comer mais frutas, legumes e verduras
- evitar açúcar em excesso
- evitar comer qualquer coisa em excesso
- evitar ingerir produtos artificiais nocivos
- comer mais alimentos naturais e menos produtos industrializados

Quando você estiver mental e emocionalmente saudável, terá paz a respeito do presente e do futuro. Mesmo que não saiba *exatamente* qual é sua situação no momento nem para onde está rumando, pode ter paz mental e emocional a respeito disso tudo ao saber que Deus está no controle. A maneira de se certificar de que ele está governando sua mente e suas emoções — seus pensamentos e sentimentos — é pedir que ele assuma o controle.

VINTE TÓPICOS DE ORAÇÃO SOBRE A MENTE E AS EMOÇÕES

Senhor, peço que me concedas a capacidade de...

- ter uma mente clara
- ter uma mente sensata
- pensar de forma positiva
- não deixar a negatividade governar minha atitude
- concentrar-me na verdade
- identificar mentiras
- ter paz na mente e no coração
- lidar melhor com o estresse
- ter aptidão para aprender com facilidade
- ter boa memória
- não sentir preocupação nem medo
- recusar-me a alimentar culpa

- livrar-me de todo rancor
- ter um coração repleto de amor
- resistir à tendência de alimentar pensamentos negativos ou perturbadores
- libertar-me de toda ansiedade
- viver sem depressão
- livrar-me de toda solidão
- libertar-me do perfeccionismo
- experimentar grande alegria

Muitas vezes, nos condenamos por fazer coisas erradas em relação ao cuidado do corpo, da mente e das emoções. Deixamos a culpa que sentimos, quando fazemos algo que sabemos ser errado, tomar conta de nós e afetar nosso relacionamento com Deus. Oramos menos porque temos a sensação de que não merecemos nos colocar na presença do Senhor. Mas Deus quer que dependamos de sua ajuda nessa área também. Em vez de se sentir mal e se criticar por não ser perfeita no cuidado com seu corpo, peça a Deus que lhe dê a capacidade de fazer o que precisa. Ele atenderá. Peça que ele conceda paciência ao longo do processo.

O poder da oração

Senhor, entrego meu corpo a ti. Ajuda-me a ser disciplinada no modo de cuidar dele. Ajuda-me a escolher alimentos saudáveis e revigorantes e a resistir àquilo que não devo comer. Capacita-me a fazer as escolhas certas com respeito a minha alimentação. Dá-me as forças de que necessito para evitar aquilo que não me faz bem. Ajuda-me a sempre ter vontade de comer alimentos saudáveis.

Dá-me a autodisciplina necessária para me exercitar corretamente a fim de fortalecer meu corpo e me livrar de todas as toxinas. Ajuda-me a fazer o que preciso para ter descanso restaurador e de boa qualidade. Somente *tu* sabes o que é melhor para mim. Mostra-me tudo que preciso enxergar. Ensina-me tudo que preciso aprender. Conduze-me às pessoas certas para me ajudar e aconselhar. Não permitas que eu aja de forma descuidada ou complacente. Obrigada porque me fizeste de modo especial e admirável (Sl 139:14). Ajuda-me a valorizar e cuidar corretamente do corpo que tu me deste.

Obrigada, Senhor, pois tu és o Deus que me cura. Se há alguma parte de meu corpo que não está bem ou saudável no momento, peço que me cures completamente. Mostra-me o que preciso ver ou fazer. Se devo ir ao médico, ajuda-me a encontrar o profissional certo. Hoje, desejo ser curada das seguintes formas: _____

_____

_____

_____

_____

_____

"Cura-me, Senhor, e serei curado; salva-me, e serei salvo, pois tu és aquele a quem eu louvo" (Jr 17:14).

Senhor, assume o controle de minha mente e das minhas emoções. Ajuda-me a pensar com clareza. Capacita-me para que eu possa discernir a verdade da mentira e não permitir pensamentos errados ou negativos em minha mente. Ajuda-me a escolher meus pensamentos com cuidado e encher minha mente apenas de ideias e imagens que glorifiquem ao Senhor. Obrigada porque tenho a mente de Cristo (1Co 2:16).

Ajuda-me a viver cada dia com paz no coração e na mente. Remove todo o estresse e ensina-me a ter uma vida de mais simplicidade e contentamento. Permite que eu veja tudo que há de bom em minha vida e não me concentre nas coisas negativas. Obrigada pelo equilíbrio que o Senhor me dá (2Tm 1:7).

Minha maior luta na área da mente e das emoções é:

_____

_____

_____

_____

A maior área de estresse em minha vida é: _____

_____

_____

_____

Cria em mim um coração puro, livre de toda negatividade e rancor. Ajuda-me a ter o teu amor e perdão em meu coração. Permite que eu viva em paz, tranquilidade, simplicidade e boa saúde.

Em nome de Jesus, amém.

O poder da Palavra

Eu te louvo porque me fizeste de modo especial
e admirável. Tuas obras são maravilhosas!
Digo isso com convicção.
SALMOS 139:14

Portanto, irmãos, rogo-lhes pelas misericórdias
de Deus que se ofereçam em sacrifício vivo,
santo e agradável a Deus; este é o culto
racional de vocês.
ROMANOS 12:1

Quem teme a Deus evitará ambos os extremos.
ECLESIASTES 7:18

Cura-me, SENHOR, e serei curado; salva-me,
e serei salvo, pois tu és aquele a quem eu louvo.
JEREMIAS 17:14

Quem conheceu a mente do Senhor
para que possa instruí-lo? Nós, porém,
temos a mente de Cristo.
1CORÍNTIOS 2:16

Pois Deus não nos deu espírito de covardia,
mas de poder, de amor e de equilíbrio.
2TIMÓTEO 1:7

Não andem ansiosos por coisa alguma,
mas em tudo, pela oração e súplicas, e com ação
de graças, apresentem seus pedidos a Deus.
E a paz de Deus, que excede todo o
entendimento, guardará o coração e a mente
de vocês em Cristo Jesus.
FILIPENSES 4:6-7

Certamente morrerá por falta de
disciplina; andará cambaleando por causa
da sua insensatez.
PROVÉRBIOS 5:23

FOCO DE ORAÇÃO 5

Confesse todo pecado de pensamento ou ação

Ninguém é perfeito. Nenhuma de nós faz tudo certo o tempo todo. Todas já dissemos coisas que magoaram outras pessoas, mesmo quando não era essa a intenção. Em alguma ocasião, todas tivemos pensamentos incorretos que precisaram ser expostos à luz de Cristo para serem removidos de nosso coração. Todas nós pecamos de algum modo e precisamos pedir que o Senhor nos purifique.

Não precisamos ter matado alguém ou roubado um banco para haver necessidade de confessar nossos pecados. A Bíblia ensina que coisas como dúvida ou inveja, egoísmo ou fofocas ou "mentiras inocentes" são pecado. A confissão é única forma de nos libertarmos completamente da sensação incômoda de culpa que, muitas vezes, não reconhecemos inteiramente, pois não acreditamos ter feito algo de errado. Quando confessamos uma palavra, ação ou pensamento errado, podemos ser purificadas de todos os efeitos destrutivos do pecado e ser completamente libertas da culpa.

Não é preciso ter assassinado alguém ou roubado um banco para confessar nossos pecados. Na Bíblia, atitudes e sentimentos como duvidar, ter inveja, ser egoísta, fofocar, ou contar "mentirinhas brancas" são claramente identificados

46   DEZ MINUTOS DE ORAÇÃO PARA TRANSFORMAR SUA VIDA

como pecados. A confissão é o único meio de nos livrarmos por completo do incômodo sentimento de culpa que nos assola com frequência, mas que não reconhecemos como tal, pois pensamos que não fizemos nada errado. Quando confessamos qualquer pensamento, palavra ou ação errôneos, podemos ser purificadas de todos os efeitos destruidores do pecado e nos ver totalmente livres da culpa.

Um dos principais motivos para confessar nossos pecados é o fato de eles nos separarem de Deus. "Mas as suas maldades separaram vocês do seu Deus; os seus pecados esconderam de vocês o rosto dele, e por isso ele não os ouvirá" (Is 59:2). Esse versículo da Escritura comprova o que acabei de dizer sobre a confissão. A última coisa que queremos é ficar separadas de Deus.

A Bíblia diz que, se acalentarmos o pecado no coração, Deus não ouvirá nossas orações (Sl 66:18). Certamente queremos que ele ouça nossas orações! Devemos cumprir todos os requisitos estabelecidos pelo Senhor para manter aberta a linha de comunicação com ele. Devemos pedir com frequência que ele nos ajude a identificar qualquer coisa que tenhamos feito de errado e reconhecer nosso erro. Também devemos pedir que nos capacite para nos afastarmos desse pecado e não voltar a cometê-lo.

VINTE BOAS RAZÕES PARA ME CONFESSAR A DEUS

- para ficar livre de todo pecado
- para ser completamente honesta com o Senhor
- para colocar em ordem meu relacionamento com Deus
- para desfrutar todas as bênçãos que Deus tem para mim
- para evitar as consequências do pecado
- para não permitir que o pecado me separe de Deus
- para ter certeza de que Deus ouvirá minhas orações
- para me livrar do fardo pesado do pecado

- para ter a mente e a alma saudáveis
- para evitar a morte que o pecado traz
- para não transgredir as leis de Deus
- para encontrar o único caminho para o verdadeiro arrependimento
- para receber o perdão divino
- para agradar e glorificar a Deus
- para ter a consciência limpa e dormir bem à noite
- para evitar destruição em minha vida
- para não ter nada que me impeça de avançar
- para me mover em direção a tudo que Deus tem para mim
- para poder florescer e prosperar
- para desfrutar a presença de Deus

Por meio da confissão e do arrependimento, Deus provê uma forma de deixarmos toda a culpa para trás. Se você se sentir *convencida* de algum pecado, a confissão e a súplica para que Senhor coloque as coisas em ordem servirão para aproximá-la de Deus. Se, contudo, você se sentir *condenada* por algo que fez, pode ter certeza de que esse sentimento vem do inimigo de sua alma, que tem prazer em atormentá-la por não ter confessado ou se arrependido do pecado. O pecado levanta um muro de separação entre você e Deus, pois você se sente culpada demais para se colocar diante dele. O inimigo quer que você se sinta condenada, pois isso a impedirá de desfrutar um relacionamento íntimo com o Senhor.

Quando o peso da condenação é tanto que você deixa de orar, significa que o inimigo foi bem-sucedido. Não permita que isso aconteça. Não deixe nenhum lapso ou erro separá-la de Deus. Confesse o pecado e se arrependa de imediato. Recuse-se a permitir que ele cresça e se transforme em algo que o inimigo poderá usar contra você.

48 Dez minutos de oração para transformar sua vida

A última coisa que você precisa carregar de um lado para o outro em sua vida é culpa. Se você desobedeceu às leis de Deus de alguma forma, confesse isso a ele e receba perdão e purificação. Se algo a está perturbando, coloque o assunto diante do Senhor em oração. Se você se sente culpada porque não escolheu o ideal de Deus para sua vida, peça a ele que a ajude a fazer escolhas mais sensatas. Se nada específico lhe vier à mente para confessar, peça ao Senhor que mostre aquilo que talvez você não esteja enxergando. A lista abaixo poderá ajudá-la a examinar seu coração e suas ações.

Algumas coisas que talvez eu precise confessar

* pensamentos que não glorificam a Deus
* palavras erradas que eu disse
* dúvidas que tive
* atitudes secretas que não agradam ao Senhor
* desonestidade
* falta de integridade
* mentiras nas quais levei outros a crer
* pensamentos ou palavras de crítica
* grosseria
* desamor
* pegar algo que não me pertencia
* ciúmes ou inveja
* atitude orgulhosa
* arrogância
* medo resultante de duvidar de Deus
* insensibilidade para com as necessidades dos outros
* falta de generosidade
* impaciência
* descontentamento com minha vida
* falta de fé no Senhor

Peça a Deus diariamente que lhe mostre a verdade a respeito de si mesma. É fácil não enxergar certas coisas. Deus trará a sua mente tudo que você precisa ver. Quando ele o fizer, confesse aquilo que ele lhe revelar. Até mesmo algo que parece pequeno para você pode ser grande o suficiente para afetar sua intimidade com o Senhor. Não deixe isso acontecer. Torne a confissão uma parte de suas orações diárias. Pode ser que você não tenha nada a confessar, mas, pelo menos, você perguntou ao Senhor. Isso lhe dará confiança e segurança diante dele.

O poder da oração

Senhor, ajuda-me a ficar livre de todo pecado e de suas consequências. Revela tudo que não deveria estar em meu coração e mente. Mostra-me áreas em que estou errando o teu alvo para mim. Ajuda-me a enxergar a verdade a respeito de mim mesma. Aponta aquilo que estou fazendo de errado e ajuda-me a ver o erro com clareza para que eu possa confessá-lo ao Senhor. Capacita-me para fazer as correções necessárias. Tu, Senhor, conheces os segredos do meu coração (Sl 44:21). Revela qualquer coisa que não esteja em ordem em meu coração hoje. Purifica-me dos erros ocultos (Sl 19:12).

Senhor, sei que, se eu confessar meus pecados, tu és fiel e justo para perdoá-los e me purificar de toda injustiça (1Jo 1:9). Confesso a ti especificamente: _____

_____

_____

_____

Arrependo-me e peço que me perdoes. Ajuda-me a não fazer mais isso. Ajuda-me a ficar livre da morte que é a consequência do pecado (Rm 6:23). Sei que o pecado é um fardo pesado demais para eu carregar (Sl 38:3-5).

Deus, sei que, se meu coração não me condena, posso ter confiança diante do Senhor e receber de ti tudo que pedir, pois estou fazendo o que te agrada (1Jo 3:21-22). Mais do que qualquer outra coisa, quero ter um coração inteiramente livre de culpa e condenação. Purifica-me e liberta-me de todo pecado para que eu possa te agradar e para que respondas a minhas orações.

Em nome de Jesus, amém.

O poder da Palavra

Quem esconde os seus pecados não prospera, mas quem os confessa e os abandona encontra misericórdia.
PROVÉRBIOS 28:13

Arrependam-se, pois, e voltem-se para Deus, para que os seus pecados sejam cancelados.
ATOS 3:19

Como é feliz aquele que tem suas transgressões perdoadas e seus pecados apagados!
SALMOS 32:1

Cria em mim um coração puro, ó Deus, e renova dentro de mim um espírito estável. Não me expulses da tua presença, nem tires de mim o teu Santo Espírito. Devolve-me a alegria da tua salvação e sustenta-me com um espírito pronto a obedecer.
SALMOS 51:10-12

Se eu acalentasse o pecado no coração, o SENHOR não me ouviria.
SALMOS 66:18

Se afirmarmos que estamos sem pecado,
enganamos a nós mesmos, e a verdade não está
em nós. Se confessarmos os nossos pecados, ele é
fiel e justo para perdoar os nossos pecados e nos
purificar de toda injustiça.
1João 1:8-9

Amados, se o nosso coração não nos condenar,
temos confiança diante de Deus e recebemos
dele tudo o que pedimos, porque obedecemos aos
seus mandamentos e fazemos o que lhe agrada.
1João 3:21-22

Sonda-me, ó Deus, e conhece o meu coração;
prova-me, e conhece as minhas inquietações.
Vê se em minha conduta algo te ofende, e
dirige-me pelo caminho eterno.
Salmos 139:23-24

FOCO DE ORAÇÃO 6

Busque a proteção de Deus

Deus promete em sua Palavra que ele nos protegerá. Mas, uma vez que nos apropriamos das promessas divinas em oração, precisamos orar a esse respeito todos os dias. Deus promete, por exemplo, que nenhuma arma forjada contra nós prevalecerá (Is 54:17). Ainda assim, precisamos nos apropriar dessa promessa com nossas orações. Podemos dizer: "Senhor, muito obrigada porque tua Palavra promete aos teus servos que nenhuma arma forjada contra nós prevalecerá. Oro, portanto, para que nenhum plano do inimigo contra mim seja bem-sucedido".

Pode acontecer de você precisar clamar ao Senhor por socorro em uma emergência. Acidentes, problemas financeiros, crimes e calamidades naturais podem sobrevir sem aviso. Por vezes, Deus nos protege *dos* desastres. Em outras ocasiões, nos protege *em meio* a eles. Todavia, você terá mais segurança dentro de uma situação dessas se souber que estava orando há tempo pela proteção de Deus. Por isso, é melhor orar por proteção divina antes de algo ruim acontecer, em vez de esperar até que venha um desastre.

DEZOITO ÁREAS EM QUE PRECISO DA PROTEÇÃO DE DEUS
Senhor, as áreas em que mais preciso de tua proteção hoje são...

- meu corpo (ser protegida de enfermidades ou ferimentos)
- viagens (acidentes de avião ou carro)
- lar (incêndio ou arrombamento)
- carro (roubo ou problema mecânico)
- propriedade (danos ou perdas)
- negócios (falência ou decisões erradas)
- reputação (difamação ou escândalo)
- família (acidentes ou enfermidades)
- finanças (falta de bom senso ou maus investimentos)
- casamento (desavenças ou problemas de comunicação)
- amizades (ofensas ou mal-entendidos)
- mente (confusão ou falta de clareza)
- emoções (depressão ou ansiedade)
- relacionamentos (problemas ou conflitos)
- trabalho (invalidez ou desfavor)
- meio ambiente (calamidades naturais ou perigos)
- bairro (ladrões ou assassinos)
- saúde (intoxicação alimentar ou doenças contagiosas)
- Outras: _____
- _____
- _____
- _____
- _____

Deus tem consciência de que há motivos demais de preocupação em nosso mundo, mas sabe também que gastamos tempo demais nos preocupando com eles. Em vez de ficar ansiosas, o Senhor quer que lancemos todas as nossas ansiedades sobre ele ao orarmos especificamente a respeito de tudo que nos preocupa em relação a nossa segurança. Você terá mais paz de espírito e mente se apresentar a Deus diariamente aquilo que a preocupa.

OITO COISAS QUE POSSO FAZER EM RESPOSTA
À PROMESSA DIVINA DE PROTEÇÃO

Clamar ao Senhor.
Clamo ao SENHOR, que é digno de louvor, e estou salvo dos meus inimigos (Sl 18:3).

Crer na Palavra de Deus e em suas promessas de me manter em segurança.
Em paz me deito e logo adormeço, pois só tu, SENHOR, me fazes viver em segurança (Sl 4:8).

Esconder-me no Senhor.
Protege-me como à menina dos teus olhos; esconde-me à sombra das tuas asas, dos ímpios que me atacam com violência, dos inimigos mortais que me cercam (Sl 17:8-9).

Obedecer a Deus.
Saibam que o SENHOR escolheu o piedoso; o SENHOR ouvirá quando eu o invocar. Quando vocês ficarem irados, não pequem; ao deitar-se reflitam nisso, e aquietem-se (Sl 4:3-4).

Orar pedindo proteção.
Responde-me quando clamo, ó Deus que me fazes justiça! Dá-me alívio da minha angústia; tem misericórdia de mim e ouve a minha oração (Sl 4:1).

Viver no temor do Senhor.
Aquele que teme o SENHOR possui uma fortaleza segura, refúgio para os seus filhos. O temor do SENHOR é fonte de vida, e afasta das armadilhas da morte (Pv 14:26-27).

Render graças ao Senhor.
Os teus votos estão sobre mim, ó Deus; eu te renderei ações de graças. Pois tu livraste a minha alma da morte, como

também os meus pés de tropeçarem, para andar diante de Deus na luz dos viventes (Sl 56:12-13, RC).

Confiar no Senhor.
Mas alegrem-se todos os que confiam em ti; exultem eternamente, porquanto tu os defendes; e em ti se gloriem os que amam o teu nome. Pois tu, SENHOR, abençoarás ao justo; circundá-lo-ás da tua benevolência, como de um escudo (Sl 5:11-12, RC).

Não tome por certo o cuidado de Deus ao deixar de orar pela proteção que ele tem para você. Peça ao Senhor que a ajude a invocar o nome dele, refugiar-se nele, viver em obediência aos caminhos dele, crer nas promessas de proteção da Palavra e ter o temor divino no coração.

O poder da oração

Senhor, peço que me protejas de todos os perigos, acidentes, doenças e influências malignas. Esconde-me à tua sombra e guarda-me dos perversos aonde quer que eu vá (Sl 17:8). Protege meu lar de ladrões e desastres. Protege-me de qualquer pessoa com intenções malignas e de todos os planos do inimigo.

Cuida de mim em carros, em aviões, onde quer que eu ande, o que quer que eu faça. Dá-me sabedoria para sempre estar no lugar certo na hora certa. Permite-me discernir tua vontade para que eu me mova sempre no centro dela. Envia anjos para me cercar e guardar a fim de que eu jamais tropece. Obrigada por que tu és "auxílio sempre presente na adversidade" (Sl 46:1). Obrigada porque nenhuma arma forjada contra mim prevalecerá (Is 54:17). Protege-me de todos os perigos e desastres.

Eu te louvo porque és meu Protetor todos os dias. Obrigada por todas as ocasiões em que me livraste da morte e de desastres no passado e, especialmente, pelas ocasiões nas quais nem sequer percebi teu cuidado. Obrigada por me cercares como um escudo (Sl 5:11-12), por me dares a segurança pela qual anseio (Sl 12:5), porque não preciso temer os perigos que me cercam noite e dia (Sl 91:5-7) e porque deste ordens a teus anjos a meu respeito para me protegerem (Sl 91:11-12). Tu és meu abrigo seguro nos tempos difíceis (Sl 59:16-17).

Em nome de Jesus, amém.

O poder da Palavra

"Nenhuma arma forjada contra você prevalecerá, e você refutará toda língua que a acusar. Esta é a herança dos servos do SENHOR, e esta é a defesa que faço do nome deles", declara o SENHOR.
ISAÍAS 54:17

Quando você atravessar as águas, eu estarei com você; quando você atravessar os rios, eles não o encobrirão. Quando você andar através do fogo, não se queimará; as chamas não o deixarão em brasas.
ISAÍAS 43:2

Ele o cobrirá com as suas penas, e sob as suas asas você encontrará refúgio; a fidelidade dele será o seu escudo protetor. Você não temerá o pavor da noite, nem a flecha que voa de dia, nem a peste que se move sorrateira nas trevas, nem a praga que devasta ao meio-dia.

*Mil poderão cair ao seu lado, dez mil à sua
direita, mas nada o atingirá.*
SALMOS 91:4-7

*Se você fizer do Altíssimo o seu abrigo, do
SENHOR o seu refúgio, nenhum mal o atingirá,
desgraça alguma chegará à sua tenda. Porque a
seus anjos ele dará ordens a seu respeito, para
que o protejam em todos os seus caminhos; com
as mãos eles o segurarão, para que você não
tropece em alguma pedra.*
SALMOS 91:9-12

*Mas eu cantarei louvores à tua força; de manhã
louvarei a tua fidelidade, pois tu és o meu alto
refúgio, abrigo seguro nos tempos difíceis.
Ó minha força, canto louvores a ti; tu és, ó
Deus, o meu alto refúgio, o Deus que me ama.*
SALMOS 59:16-17

*Em paz me deito e logo adormeço, pois só tu,
SENHOR, me fazes viver em segurança.*
SALMOS 4:8

*"Por causa da opressão do necessitado
e do gemido do pobre, agora me levantarei",
diz o SENHOR. "Eu lhes darei a segurança
que tanto anseiam."*
SALMOS 12:5

FOCO DE ORAÇÃO 7

Conte a Deus os desejos de seu coração

Deus se importa com você. Ele se importa com aquilo que é importante para você. A Bíblia diz que o Senhor abre a mão e satisfaz os desejos de todos os seres vivos (Sl 145:16). No entanto, isso não acontece automaticamente. Você precisa fazer algo. Deus quer que você ore. Ele sabe do que você necessita, mas, ainda assim, você precisa pedir a ele. Do mesmo modo que a salvação é um dom gratuito, mas não somos salvos se não orarmos, a provisão de Deus é sua dádiva para nós, mas ele deseja que você peça por ela, crendo que ele proverá.

Deus quer que você ore sobre tudo que a preocupa, por maior ou menor que seja o problema. Quer que você conte a ele tudo que está em seu coração. E deseja que você persista em oração, sem desistir. A Bíblia diz sobre Jesus: "[Ele] contou aos seus discípulos uma parábola, para mostrar-lhes que eles deviam orar sempre e nunca desanimar" (Lc 18:1). Muitas vezes, quando não recebemos a resposta de imediato, ficamos impacientes e desanimamos. Paramos de orar porque imaginamos que, se Deus não respondeu quando queríamos, não vai responder mais. Mas o Senhor quer que nos dediquemos à oração, estejamos alertas e sejamos agradecidas (Cl 4:2).

Deus deseja que apresentemos a ele até nossas necessidades mais básicas. Jesus nos ensinou a orar: "Dá-nos hoje o nosso pão de cada dia" (Mt 6:11). Por certo, não há necessidade mais imediata ou básica do que saber de onde virá nossa próxima refeição. Deus já sabe que precisamos comer; afinal, ele nos criou dessa forma. No entanto, ele deseja que *peçamos* sua *provisão* para nós. É assim que funciona. Nós *pedimos*; ele *provê*. O objetivo do Senhor não é nos forçar a implorar, mas, sim, nos tornar dependentes dele em tudo. Quando pedimos, declaramos nossa dependência dele. Também expressamos nossa fé em sua capacidade e em seu desejo de prover.

Deus quer que você peça a ele tudo de que precisa, a fim de poder receber tudo que ele tem reservado para você. Ele deseja que você bata à porta do céu para que ele possa abri-la para você (Mt 7:7-8). Quer que você peça a ele sem desistir. Isso significa que você deve continuar a pedir, buscar e bater diariamente.

Em geral, não precisamos ser lembradas de nossas necessidades, pois elas sempre estão no primeiro plano de nossos pensamentos. Muitas vezes, porém, precisamos ser lembradas de *orar* a esse respeito. É comum nos *preocuparmos* com as coisas, em vez de *pedi-las* a Deus. Veja na pequena lista abaixo algumas das necessidades diárias sobre as quais talvez você esteja se esquecendo de orar continuamente.

Itens importantes nos quais preciso da provisão de Deus hoje

Senhor, hoje preciso...

- de recursos financeiros para pagar todas as minhas contas
- do favor das pessoas com as quais me encontrarei
- de boa comunicação com meu cônjuge
- que a paz reine entre os membros de minha família
- da capacidade para cuidar de meus filhos
- de forças para realizar todas as minhas tarefas

- de provisão e proteção para meu lar
- de ajuda para tomar as decisões certas
- de capacidade para fazer bem o meu trabalho
- de sucesso em todos os meus negócios
- de discernimento para saber quando dizer sim ou não
- que portas de oportunidade de avanço se abram
- de sabedoria para fazer uma compra ou um investimento
- de orientação para usar meu tempo com sensatez
- de entendimento para certas coisas
- de ajuda para ser organizada e produtiva
- de capacidade para realizar todos os meus afazeres.
- Outros: _____
- _____
- _____
- _____

Você não precisa orar a respeito de cada um desses itens todos os dias, mas deve mencionar todos eles de tempos em tempos. Tudo que lhe causa preocupação é motivo de oração. E tudo que você *não deseja* que lhe cause preocupação no futuro também é motivo de oração. Deus diz que não devemos andar ansiosas a respeito de nada, mas orar acerca de tudo, a fim de termos paz que excede todo o entendimento (Fp 4:6-7). Ele deseja realizar em sua vida muito mais do que tudo que você poderia pensar ou pedir, e ele o fará pelo poder do Espírito Santo que habita em você. "Àquele que é capaz de fazer infinitamente mais do que tudo o que pedimos ou pensamos, de acordo com o seu poder que atua em nós, a ele seja a glória na igreja e em Cristo Jesus, por todas as gerações, para todo o sempre! Amém!" (Ef 3:20-21).

Diga para Deus tudo que você precisa hoje e tudo que seu coração deseja. Apresente a ele cada uma de suas necessidades, preocupações, medos e esperanças. "E tudo o que pedirem

62 Dez minutos de oração para transformar sua vida

em oração, se crerem, vocês receberão" (Mt 21:22). Lembre-se de que nenhum problema é grande ou pequeno demais para Deus resolver.

O poder da oração

Senhor, obrigada porque supres todas as minhas necessidades e queres atender aos desejos do meu coração quando me deleito em ti (Sl 37:4). Tua Palavra diz que "o Senhor cumprirá o seu propósito para comigo" (Sl 138:8). Agradeço-te desde já por cumprir teus propósitos em minha vida e nessas questões que me preocupam hoje. Coloco-as em tuas mãos e entrego esse peso a ti. Peço que supras todas as minhas necessidades no dia de hoje.

Peço que minha família sempre tenha um lar seguro para morar e bons alimentos para comer. Apresento a ti de forma específica minhas maiores necessidades neste dia:

_____

_____

_____

_____

Os maiores desejos do meu coração hoje são: _____

_____

_____

_____

_____

Obrigada por sempre teres provido a minhas necessidades no passado. Obrigada porque continuarás a prover para mim no futuro, conforme prometeste em tua Palavra. Mostra-me como posso ser útil para te ajudar a suprir as necessidades de outros.

Em nome de Jesus, amém.

O poder da Palavra

Deleite-se no SENHOR, e ele atenderá
aos desejos do seu coração.
SALMOS 37:4

Não andem ansiosos por coisa alguma, mas
em tudo, pela oração e súplicas, e com ação de
graças, apresentem seus pedidos a Deus. E a paz
de Deus, que excede todo o entendimento,
guardará o coração e a mente de vocês
em Cristo Jesus.
FILIPENSES 4:6-7

Busquem, pois, o Reino de Deus, e essas
coisas lhes serão acrescentadas.
LUCAS 12:31

Se vocês, apesar de serem maus, sabem dar boas
coisas aos seus filhos, quanto mais o Pai que está
nos céus dará o Espírito Santo a quem o pedir!
LUCAS 11:13

Peçam, e lhes será dado; busquem, e
encontrarão; batam, e a porta lhes será aberta.
Pois todo o que pede, recebe; o que busca,
encontra; e àquele que bate, a porta será aberta.
MATEUS 7:7-8

Não tenham medo, pequeno rebanho, pois foi do
agrado do Pai dar-lhes o Reino.
LUCAS 12:32

Se vocês permanecerem em mim, e as minhas
palavras permanecerem em vocês, pedirão o que
quiserem, e lhes será concedido.
JOÃO 15:7

*E eu farei o que vocês pedirem em meu nome,
para que o Pai seja glorificado no Filho. O que
vocês pedirem em meu nome, eu farei.*
João 14:13-14

FOCO DE ORAÇÃO 8

Ore pelas pessoas em sua vida

Há tantas pessoas em nossa vida por quem precisamos orar que é difícil nos lembrar de cada uma delas em oração todos os dias. A meu ver, o que funciona melhor é começar a orar pelas pessoas mais próximas, a família imediata e amigos. Em seguida, passe para a família mais ampla e os conhecidos. Ore pelas pessoas que você verá ao longo do dia ou da semana no trabalho, na igreja, em lojas ou empresas. Peça a Deus que traga a sua memória qualquer um que precise em especial de suas orações, e ele a lembrará de pessoas pelas quais você não teria pensado em orar.

Abaixo, uma lista para ajudá-la a lembrar de pessoas por quem você pode sentir o desejo de orar hoje. Não se assuste com o número de itens, pois não é necessário orar por todas essas pessoas todos os dias. Peça ao Espírito Santo orientação para escolher por quem orar e quando. A lista a ajudará a pensar naqueles que talvez precisem de mais orações do que outros e lhe permitirá lembrar-se de alguém que, de outro modo, poderia ficar de fora. No final da lista, há espaço para acrescentar o nome de outras pessoas que você gostaria de colocar diante de Deus de modo especial.

Pessoas em minha vida que precisam de oração

Senhor, hoje oro...

- por meu marido
- por meu pai/minha mãe
- por meu irmão/minha irmã
- por meu filho/minha filha
- por meus netos
- por meus enteados
- por meu genro/minha nora
- por meu sogro/minha sogra
- por meu tio/minha tia
- por meus primos
- por meus amigos chegados
- por meus conhecidos/amigos menos chegados
- por meus parentes mais distantes
- por meus vizinhos
- pelo pastor e pelos líderes em minha igreja
- pelos colegas de trabalho
- pelas pessoas que vejo ao longo do dia
- pelas pessoas com as quais tenho compromissos marcados
- pelas pessoas da igreja
- pelas pessoas com as quais tenho dificuldade de lidar
- pelas pessoas com quem não gosto de me encontrar
- pelas pessoas com as quais tenho dificuldade de conversar
- pelas pessoas que eu sei que precisam de ajuda
- pelas pessoas que eu sei que precisam de cura
- pelas pessoas que vi no noticiário
- pela pessoa que está mais presente em meu coração hoje

- Outras: _____
- _____
- _____
- _____

Depois de orar por uma pessoa, entregue-a nas mãos de Deus. Isso não significa que você não vai orar por ela novamente quando se lembrar dela, mas, sim, que poderá ter alguns momentos de alívio desse peso em seu coração. Desfrute a paz de saber que você colocou a pessoa e a situação nas mãos de Deus e que ele ouviu suas orações e responderá a elas do modo e no tempo dele.

Se você descobrir que está impaciente por não ver Deus responder a suas orações por outras pessoas tão prontamente quanto você gostaria, lembre-se de que você está intercedendo por alguém que tem vontade e destino separados dos seus. Lembre-se, também, de que você está trabalhando em *parceria* com o Senhor para que a vontade *dele* seja feita. *Sua* parte é *orar*, e a parte de Deus é *responder*. Você só precisa fazer *sua* parte e deixar Deus fazer a *dele*. Confie que ele responderá a suas orações por outros no tempo e do modo que ele decidir.

Todas nós precisamos ter bons relacionamentos. Eles nos ajudam a crescer e nos edificam. Mantém-nos equilibradas e responsáveis. Não é saudável viver em isolamento. Você precisa do apoio de outras pessoas. Precisa de relacionamentos sólidos que a influenciem de forma positiva e nos quais também possa exercer boa influência sobre outros.

CINCO MOTIVOS POR QUE PRECISO DE AMIGOS BONS E TEMENTES A DEUS

Preciso saber que alguém me ama.

O amigo ama em todos os momentos; é um irmão na adversidade (Pv 17:17).

68 Dez minutos de oração para transformar sua vida

Preciso aprender a cultivar amizades verdadeiras.
Quem tem muitos amigos pode chegar à ruína, mas existe amigo mais apegado que um irmão (Pv 18:24).

Preciso de alguém que me aconselhe.
Perfume e incenso trazem alegria ao coração; do conselho sincero do homem nasce uma bela amizade (Pv 27:9).

Preciso de alguém que me ajude em momentos de dificuldade.
É melhor ter companhia do que estar sozinho, porque maior é a recompensa do trabalho de duas pessoas. Se um cair, o amigo pode ajudá-lo a levantar-se. Mas pobre do homem que cai e não tem quem o ajude a levantar-se! (Ec 4:9-10).

Preciso de relacionamentos que levem ao crescimento de ambas as partes.
Assim como o ferro afia o ferro, o homem afia o seu companheiro (Pv 27:17).

A fim de ter bons amigos e relacionamentos, você precisa *ser* uma boa amiga *em* um relacionamento. Há certas maneiras que Deus deseja que nos relacionemos com as pessoas e que sempre nos permitem colher grandes recompensas. Quando nos relacionamos com outros conforme a Bíblia nos instrui, investimos nesses relacionamentos valiosos.

Sete formas de me relacionar com as pessoas em minha vida

Senhor, preciso de tua ajuda para me relacionar com amor.
Agora que vocês purificaram a sua vida pela obediência à verdade, visando ao amor fraternal e sincero, amem sinceramente uns aos outros e de todo o coração (1Pe 1:22).

Senhor, preciso de tua ajuda para me relacionar com afeição.
Dediquem-se uns aos outros com amor fraternal. Prefiram dar honra aos outros mais do que a si próprios (Rm 12:10).

Senhor, preciso de tua ajuda para me relacionar com compaixão.
Quanto ao mais, tenham todos o mesmo modo de pensar, sejam compassivos, amem-se fraternalmente, sejam misericordiosos e humildes (1Pe 3:8).

Senhor, preciso de tua ajuda para me relacionar com cuidado.
A fim de que não haja divisão no corpo, mas, sim, que todos os membros tenham igual cuidado uns pelos outros (1Co 12:25).

Senhor, preciso de tua ajuda para me relacionar com uma atitude de serviço.
Irmãos, vocês foram chamados para a liberdade. Mas não usem a liberdade para dar ocasião à vontade da carne; ao contrário, sirvam uns aos outros mediante o amor (Gl 5:13).

Senhor, preciso de tua ajuda para me relacionar com perdão e bondade.
Livrem-se de toda amargura, indignação e ira, gritaria e calúnia, bem como de toda maldade. Sejam bondosos e compassivos uns para com os outros, perdoando-se mutuamente, assim como Deus os perdoou em Cristo (Ef 4:31-32).

Senhor, preciso de tua ajuda para me relacionar com paz.
O sal é bom, mas se deixar de ser salgado, como restaurar o seu sabor? Tenham sal em vocês mesmos e vivam em paz uns com outros (Mc 9:50).

Os bons relacionamentos são cruciais para o seu bem-estar, mas também podem ser facilmente prejudicados ou rompidos.

Descobri que é muito mais fácil *protegê-los* em oração do que tentar repará-los depois que os estragos já foram feitos. Quando você ora por um relacionamento desgastado, danificado ou rompido, Deus pode restaurá-lo. Se há problemas em algum de seus relacionamentos ou se algum deles lhe causa grande preocupação, peça ao Senhor que a ajude a conciliar as diferenças e promover cura.

Não deixe seus relacionamentos por conta do acaso. Ore por todos eles. Coloque-os diante do trono de Deus. Ore também pelas pessoas que você tem dificuldade de amar. Lembre-se de que você sempre desenvolve amor pelas pessoas quando ora por elas. Enquanto você ora, Deus lhe concede o amor *dele* por outros.

O poder da oração

Senhor, ajuda-me a sempre ter compaixão e amor pelos outros em meu coração. Ajuda-me a tratar todos com afeto, bondade e cuidado. Dá-me um coração de serva. Ajuda-me a perdoar com facilidade e prontidão. Capacita-me para que eu seja uma pacificadora em todos os meus relacionamentos, especialmente com as pessoas com quem eu moro e desfruto maior intimidade.

Senhor, coloco diante de ti os membros de minha família. Oro especificamente por: _____

_____

_____

_____

Apresento-te meus amigos e conhecidos. Oro em especial por: _____

_____

_____

_____

Também elevo a ti as pessoas no meu local de trabalho:

Entrego a ti as pessoas que verei ao longo do dia: _____

A pessoa que está mais presente em meu coração hoje é: _____

Por essa pessoa, eu oro para que: _____

Apresento todas essas pessoas a ti e peço que as abençoes hoje com amor, paz, saúde, prosperidade e sucesso. Derrama teu espírito sobre elas e ajuda-as a te conhecer melhor.

Senhor, mostra-me se tenho ressentimentos contra alguém e preciso desenvolver uma atitude de perdão. Oro especificamente por: _____

Confesso como pecado qualquer rancor que haja em mim. Liberta-me e mantém meu coração livre de todo ressentimento.

Senhor, peço que tua paz reine sobre meus relacionamentos mais difíceis ou problemáticos. Ajuda-nos a encontrar paz e união. Onde houve algum mal-entendido, peço que proporciones clareza e reconciliação. Ajuda-me a ser luz para todos que não te conhecem. Oro especificamente por: _____

_____

_____

_____

_____

Abre o coração dessa pessoa para te receber.

Dá-me sabedoria na escolha de meus amigos e discernimento para me separar de qualquer um que seja perigoso ou exerça influência negativa. Abençoa meus relacionamentos. Ajuda-me a ser uma boa influência para todos que me conhecem. Ensina-me a ser uma boa amiga. Auxilia-me a nunca deixar meus relacionamentos por conta do acaso, mas a orar por eles.

Em nome de Jesus, amém.

O poder da Palavra

O homem honesto é cauteloso em suas
amizades, mas o caminho dos ímpios
o leva a perder-se.
PROVÉRBIOS 12:26

Levem os fardos pesados uns dos outros e,
assim, cumpram a lei de Cristo.
GÁLATAS 6:2

*E longe de mim esteja pecar contra o Senhor,
deixando de orar por vocês. Também lhes
ensinarei o caminho que é bom e direito.*
1Samuel 12:23

*Portanto, confessem os seus pecados
uns aos outros e orem uns pelos outros
para serem curados. A oração de um justo
é poderosa e eficaz.*
Tiago 5:16

*Não siga pela vereda dos ímpios nem ande
no caminho dos maus.*
Provérbios 4:14

*Não se ponham em jugo desigual com
descrentes. Pois o que têm em comum a justiça
e a maldade? Ou que comunhão pode ter a
luz com as trevas? Que harmonia entre
Cristo e Belial? Que há de comum entre o
crente e o descrente?*
2Coríntios 6:14-15

*Se por estarmos em Cristo nós temos alguma
motivação, alguma exortação de amor, alguma
comunhão no Espírito, alguma profunda
afeição e compaixão, completem a minha
alegria, tendo o mesmo modo de pensar, o
mesmo amor, um só espírito e uma só atitude.
Nada façam por ambição egoísta ou por
vaidade, mas humildemente considerem os
outros superiores a si mesmos. Cada um cuide,
não somente dos seus interesses, mas também
dos interesses dos outros.*
Filipenses 2:1-4

FOCO DE ORAÇÃO 9

Interceda pelo mundo ao redor

Deus pede que cada uma de nós interceda por nossa comunidade, nação e pelo mundo e também deseja que oremos por nossos líderes (1Tm 2:1-4). Muitas vezes, porém, deixamos de orar por esses assuntos porque parecem amplos e distantes demais de nós e de nossa vida diária. Temos a tendência de pensar: "Que diferença minha pequena oração fará nessas questões tão imensas?". Todavia, orar pela nação, pelos líderes e pelo mundo ao nosso redor não é opcional, mas, sim, uma ordem de Deus. É algo que temos o dever de fazer.

Deus quer que você seja uma intercessora dele. Uma intercessora é uma pessoa que se coloca diante do Senhor e ora por outra. Na Bíblia, Deus procurou um indivíduo que se pusesse na brecha diante dele e orasse em favor da terra, para que não fosse destruída por causa de todo mal que havia nela. Infelizmente, porém, ele não encontrou ninguém (Ez 22:30). Teve de julgar a terra porque não achou quem intercedesse pelo povo. Você e eu podemos responder diariamente ao chamado divino para interceder por pessoas e situações que precisam do toque da mão de Deus e do efeito do poder do Senhor em favor delas. Todos os dias, podemos trabalhar em parceria com Deus para ver seus propósitos se cumprirem na terra. A seguir, alguns tópicos pelos

76 Dez minutos de oração para transformar sua vida

quais você pode orar. Não deixe o tamanho da lista assustá-la. Simplesmente escolha um ou dois itens para cada oração.

Trinta tópicos para interceder pelo mundo ao redor

Senhor, oro pelo mundo ao redor e peço que tu...

- protejas meus vizinhos
- guardes meu bairro
- tragas paz e bênçãos a minha comunidade
- envies chuvas para que não tenhamos secas
- nos protejas de calamidades naturais
- coloques líderes sábios no poder em minha cidade
- coloques líderes piedosos no poder em meu estado
- levantes mulheres e homens piedosos para governar a nação
- ajudes políticos íntegros a serem eleitos
- intervenhas em situações sérias em meu estado e país
- reveles obras malignas para que possam ser destruídas
- desmascares os criminosos para que sejam apreendidos e presos
- acabes com todas as atividades de gangues
- leves à justiça os sequestradores e abusadores de crianças
- acabes com o tráfico de pessoas
- providencies para que assassinos e estupradores sejam presos
- acabes com a pornografia
- nos concedas um presidente piedoso e sábio
- cerques o presidente de conselheiros tementes a ti
- reveles a corrupção no governo
- protejas aqueles que servem nas Forças Armadas
- levantes juízes íntegros nos tribunais
- acabes com as guerras e conflitos civis
- ponhas fim à corrupção e tendenciosidade na mídia

- derrubes os líderes perversos de nações
- nos guardes de todos os atos de terrorismo
- faças nossa economia prosperar
- ajudes os desempregados a encontrar trabalho
- coloques educadores piedosos em cargos de influência
- derrames teu Espírito sobre o povo deste país
- Outros: _____
- _____
- _____
- _____

Não imagine por um momento sequer que suas orações não fazem diferença neste mundo só porque você é apenas *uma* pessoa. Eu garanto que suas orações fazem uma grande diferença. Se, na Bíblia, um intercessor poderia ter evitado uma calamidade nacional e salvado um reino, pense no que Deus pode fazer por intermédio de *suas* orações. Além do mais, muitas vezes várias pessoas estão orando pelo mesmo assunto e há um poder tremendo em orar junto com outros. Só porque não estamos todos na mesma sala, igreja, cidade, estado ou país enquanto oramos, não significa que nossas orações não contam. Cada uma de suas orações acrescenta algo àquilo que Deus está fazendo ou deseja fazer. E cada uma de suas orações leva mais confusão para o inimigo.

OITO COISAS PARA ME LEMBRAR A RESPEITO DAS
ORAÇÕES PELO MUNDO AO REDOR

Ainda que as coisas pareçam estar piorando, não posso desistir de orar.

Contudo, os perversos e impostores irão de mal a pior, enganando e sendo enganados. Quanto a você, porém, permaneça nas coisas que aprendeu e das quais tem convicção, pois você sabe de quem o aprendeu (2Tm 3:13-14).

Por piores que estejam as coisas no mundo, Deus continua no controle.

O SENHOR está exaltado acima de todas as nações; e acima dos céus está a sua glória. Quem é como o SENHOR, o nosso Deus, que reina em seu trono nas alturas, mas se inclina para contemplar o que acontece nos céus e na terra? (Sl 113:4-6).

Ainda que as nações sejam abaladas, o reino de Deus é inabalável.

Portanto, já que estamos recebendo um Reino inabalável, sejamos agradecidos e, assim, adoremos a Deus de modo aceitável, com reverência e temor, pois o nosso Deus é fogo consumidor! (Hb 12:28-29).

Devo perseguir meus inimigos em oração até ver todos eles completamente destruídos.

Persegui os meus inimigos e os derrotei; não voltei enquanto não foram destruídos. Esmaguei-os completamente, e não puderam levantar-se; caíram debaixo dos meus pés. Tu me revestiste de força para a batalha; fizeste cair aos meus pés os meus adversários (2Sm 22:38-40).

Quando sinto as trevas do mundo invadirem minha vida, posso orar e esperar que a alegria do Senhor me dê forças para me elevar acima de toda oposição.

Tu és a minha lâmpada, ó SENHOR! O SENHOR ilumina-me as trevas. Contigo posso avançar contra uma tropa; com o meu Deus posso transpor muralhas (2Sm 22:29-30).

Por maior que seja a oposição que vejo contra as coisas de Deus, sei que ele é muito maior e posso ter grande esperança e confiança nessa verdade.

Que diremos, pois, diante dessas coisas? Se Deus é por nós, quem será contra nós? (Rm 8:31).

Minha oração lança os alicerces da promoção da paz.
Por isso, esforcemo-nos em promover tudo quanto conduz
à paz e à edificação mútua (Rm 14:19).

Quando peço o fim dos malfeitores, Deus ouve minha oração.
Porque os olhos do Senhor estão sobre os justos e os seus
ouvidos estão atentos à sua oração, mas o rosto do Senhor
volta-se contra os que praticam o mal (1Pe 3:12).

Talvez você sinta que tem motivos suficientes para orar apenas por sua vida, mas as orações pelo mundo também afetam
você. O mundo de hoje se encontra em uma situação extremamente difícil, muito mais do que a maioria das pessoas tem
consciência. Não nos podemos dar o luxo de não orar. Se você
não sabe sobre o que orar, assista ao noticiário. Em apenas um
programa, você encontrará assuntos de sobra para apresentar
ao Senhor. Deus quer fazer muitas coisas no mundo, mas está
esperando que pessoas como eu e você tomem a iniciativa e
intercedam. Façamos o que Deus quer e oremos todos os dias
por algo do mundo ao nosso redor.

O poder da oração

Senhor, peço que me ajudes a ter uma fé forte o suficiente para fazer diferença quando oro por pessoas e situações no mundo ao redor. Ensina-me como interceder
com eficácia. Traze a minha memória todos os assuntos
pelos quais desejas que eu ore especificamente.

Peço que derrames teu Espírito sobre meu bairro
_____, cidade _____, esta-
do _____ e país _____.
Atrai mais pessoas para junto de ti. Abre os olhos delas
para a verdade de tua Palavra.

Peço que derrames teu Espírito sobre vereadores, deputados e senadores, em especial sobre: _____

_____

_____

_____

_____

Oro por nosso presidente: _____

_____. Que ele cumpra somente os teus propósitos. Coloca pessoas piedosas em cargos de liderança. Torna essas mulheres e homens pessoas íntegras, honestas, sábias e discernentes.

Desmascara todo o mal e todos os atos malignos. Livra-nos dos males de homicídio, roubo, corrupção, pornografia, abuso de menores, crime e violência. De tudo que vejo acontecer ao meu redor, o que mais me perturba é: _____

_____

_____

_____

_____

Em relação a esses problemas, peço que intervenhas das seguintes formas: _____

_____

_____

_____

_____

Senhor, peço que derrames teu Espírito sobre outros países do mundo. Conforme a instrução de tua Palavra, oro especialmente por tua proteção e bênção sobre Israel e pela paz de Jerusalém. Outro país pelo qual gostaria de orar hoje é _____. Oro pelo líder desse país, _____, para que ele(a) venha a conhecer e servir ao Senhor.

A meu ver, o país que mais ameaça a paz mundial é _____. Peço que removas do poder todos os líderes perversos desse país e coloques no lugar deles líderes íntegros. A meu ver, o país cujo povo está passando por mais dificuldades no momento é _____. Liberta-os para que possam te conhecer e receber tuas bênçãos.

Tu disseste: "Quando os caminhos de um homem são agradáveis ao SENHOR, ele faz que até os seus inimigos vivam em paz com ele" (Pv 16:7). Peço que, em meu país, nos tornemos pessoas agradáveis a ti para que possamos ter paz até com nossos inimigos. Peço que protejas nossos soldados sempre que correrem perigo e lhes dê sucesso.

Em nome de Jesus, amém.

O poder da Palavra

Antes de tudo, recomendo que se façam súplicas, orações, intercessões e ações de graças por todos os homens; pelos reis e por todos os que exercem autoridade, para que tenhamos uma vida tranquila e pacífica, com toda a piedade e dignidade. Isso é bom e agradável perante Deus, nosso Salvador, que deseja que todos os homens sejam salvos e cheguem ao conhecimento da verdade.
1 TIMÓTEO 2:1-4

Pede-me, e te darei as nações como herança e os confins da terra como tua propriedade.
SALMOS 2:8

*Veja! Eu hoje dou a você autoridade sobre
nações e reinos, para arrancar, despedaçar,
arruinar e destruir; para edificar e plantar.*
JEREMIAS 1:10

*Pois os olhos do SENHOR estão atentos sobre
toda a terra para fortalecer aqueles que lhe
dedicam totalmente o coração.*
2CRÔNICAS 16:9

*Parem de lutar! Saibam que eu sou Deus!
Serei exaltado entre as nações, serei
exaltado na terra.*
SALMOS 46:10

*Ainda que você procure os seus inimigos,
você não os encontrará. Os que guerreiam
contra você serão reduzidos a nada. Pois eu sou
o SENHOR, o seu Deus, que o segura pela mão
direita e lhe diz: Não tema; eu o ajudarei.*
ISAÍAS 41:12-13

*Desde o poente os homens temerão o nome
do SENHOR, e desde o nascente, a sua glória.
Pois ele virá como uma inundação impelida
pelo sopro do SENHOR.*
ISAÍAS 59:19

FOCO DE ORAÇÃO 10

Peça que a vontade de Deus seja feita

A Bíblia diz que devemos orar de acordo com a vontade de Deus. Mas como saber se nossas orações estão alinhadas com a vontade dele? A única maneira de ter certeza é terminar nossas orações dizendo: "Senhor, em tudo que orei e pedi, meu maior desejo é que tua vontade seja feita". A Bíblia afirma: "Esta é a confiança que temos ao nos aproximarmos de Deus: se pedirmos alguma coisa de acordo com a vontade de Deus, ele nos ouvirá. E se sabemos que ele nos ouve em tudo o que pedimos, sabemos que temos o que dele pedimos" (1Jo 5:14-15). Esse fato deve ser motivo suficiente para desejarmos a vontade do Senhor para nossa vida.

Você pode pedir a Deus diariamente aquilo que *quer*, mas também deve declarar que a vontade divina está acima de todos os seus desejos. Jesus orou por aquilo que ele queria, mas também pediu que se cumprisse a vontade de Deus. Disse: "Pai, se queres, afasta de mim este cálice; contudo, não seja feita a minha vontade, mas a tua" (Lc 22:42). Talvez imaginemos que, se havia alguém que poderia sempre conseguir o que queria, esse alguém era Jesus. Em última análise, porém, ele *conseguiu* o que queria, pois, acima de tudo, seu desejo era que se cumprisse a vontade de Deus. Por isso, devemos orar como ele: "Não seja feita a minha vontade, mas a tua em minha vida".

Vinte áreas sobre as quais posso orar para que a vontade de Deus seja feita em minha vida

Senhor, peço que tua vontade seja feita...

- em meu casamento
- na vida de meus filhos e netos
- na vida de meus pais, irmãos e de minhas irmãs
- na vida de meus sogros, genros e de minhas noras
- no trabalho que realizo
- em meu local de trabalho
- na vida de meus colegas
- em minhas finanças
- em meus pensamentos e ações
- em meus relacionamentos
- nas decisões que tomo
- em minha saúde
- em meus hábitos
- no rumo de minha vida
- na minha maneira de gastar o tempo
- na vida das pessoas com quem me relaciono
- na igreja que frequento
- em minha forma de orar
- no meu modo de ajudar outros
- em todos os aspectos de minha vida

É possível conhecer a vontade de Deus. Encontramos mais paz, contentamento, satisfação e alegria quando estamos de acordo com ela. Quando você quiser saber qual é *a vontade de Deus* a respeito de algo específico, peça a ele que revele. Quando você tiver de tomar uma decisão e ainda não souber qual é a vontade do Senhor em relação àquela questão específica, faça o que você sabe que *sempre* é a vontade dele. Essa forma de agir ajudará você a entender melhor o desejo de Deus em outras áreas. Leia a lista abaixo, faça o que ela sugere e você entenderá o que estou falando.

Seis coisas que sempre são a vontade de Deus para mim

É sempre da vontade de Deus que eu dê graças a ele.
Deem graças em todas as circunstâncias, pois esta é a vontade de Deus para vocês em Cristo Jesus (1Ts 5:18).

É sempre da vontade de Deus que eu continue a orar sobre todas as coisas.
Orem continuamente (1Ts 5:17).

É sempre da vontade de Deus que eu o ame de todo o coração, toda a alma, todo o entendimento e todas as forças.
Ame o Senhor, o seu Deus, de todo o seu coração, de toda a sua alma, de todo o seu entendimento e de todas as suas forças (Mc 12:30).

É sempre da vontade de Deus que eu ame outras pessoas.
Ele respondeu: "Ame o Senhor, o seu Deus, de todo o seu coração, de toda a sua alma, de todas as suas forças e de todo o seu entendimento" e "Ame o seu próximo como a si mesmo" (Lc 10:27).

É sempre da vontade de Deus que eu obedeça a suas leis.
Por que vocês me chamam "Senhor, Senhor" e não fazem o que eu digo? (Lc 6:46).

É sempre da vontade de Deus que eu o adore e louve.
Por meio de Jesus, portanto, ofereçamos continuamente a Deus um sacrifício de louvor, que é fruto de lábios que confessam o seu nome (Hb 13:15).

86 Dez minutos de oração para transformar sua vida

Quando você adora ao Senhor, ele entra em seu coração, torna-o mais sensível e enche-o novamente com o Espírito Santo. Quanto mais você adora ao Senhor, mais aberta se torna para ouvir a voz e o direcionamento dele. Mesmo se você for atraída por algo que não é da vontade de Deus, seu coração e sua mente serão tocados pelo Espírito Santo que os colocará de volta no rumo certo.

Se você deseja permanecer sempre no caminho correto, peça que Deus lhe dê sabedoria em tudo que você fizer. "Se algum de vocês tem falta de sabedoria, peça-a a Deus, que a todos dá livremente, de boa vontade; e lhe será concedida" (Tg 1:5). Peça ao Senhor que lhe conceda revelação. A Bíblia diz: "Portanto, não sejam insensatos, mas procurem compreender qual é a vontade do Senhor" (Ef 5:17). Não devemos correr o risco de tomar uma decisão imprudente sem saber o que o Espírito Santo está nos orientando a fazer.

O poder da oração

Obrigada, Senhor, porque podes ser conhecido e porque desejas revelar tua vontade a mim. Entrego minha vida a ti e peço que reveles tudo que preciso saber hoje. Ajuda-me a ouvir tua voz dizendo: "Este é o caminho; siga-o" (Is 30:21). Peço que tua vontade seja feita em todos os aspectos de minha vida.

Enche-me do conhecimento de tua vontade. Dá-me sabedoria e entendimento espiritual (Cl 1:9). Ajuda-me a viver de modo agradável ao Senhor. Ajuda-me a dizer, de todo o coração, como Jesus disse: "Não seja feita a minha vontade, mas a tua" (Lc 22:42). Tua vontade é mais importante para mim do que minhas próprias vontades e meus desejos.

Ajuda-me a saber qual é tua vontade nas decisões que tomo a respeito de onde devo ir, o que devo fazer e com quem me relaciono. Peço especificamente que reveles tua vontade com referência a: _____

_____

_____

Senhor, mostra-me se estou fazendo algo fora da tua vontade perfeita para minha vida. Ajuda-me a permanecer no caminho que traçaste para mim. Ajuda-me a continuar firme "em toda a vontade de Deus" (Cl 4:12). Dirige meus passos, pois, sem ti, não sei por onde devo andar (Jr 10:23). Somente *tu* conheces o rumo que devo seguir. Ajuda-me a não viver voltada para a satisfação dos maus desejos humanos, mas, sim, focada em fazer a tua vontade (1Pe 4:2). Sei que somente ao viver a tua vontade é que me poderei mover em direção a tudo que tens para mim.

Em nome de Jesus, amém.

O poder da Palavra

Quer você se volte para a direita quer para a esquerda, uma voz atrás de você lhe dirá: "Este é o caminho; siga-o".
ISAÍAS 30:21

Alegrem-se sempre. Orem continuamente. Deem graças em todas as circunstâncias, pois esta é a vontade de Deus para vocês em Cristo Jesus.
1 TESSALONICENSES 5:16-18

Nem todo aquele que me diz: "Senhor, Senhor", entrará no Reino dos céus, mas apenas aquele que faz a vontade de meu Pai que está nos céus.
MATEUS 7:21

Vocês precisam perseverar, de modo que,
quando tiverem feito a vontade de Deus,
recebam o que ele prometeu.
HEBREUS 10:36

Não se amoldem ao padrão deste mundo,
mas transformem-se pela renovação da sua
mente, para que sejam capazes de
experimentar e comprovar a boa, agradável
e perfeita vontade de Deus.
ROMANOS 12:2

Por essa razão, desde o dia em que o ouvimos,
não deixamos de orar por vocês e de pedir que
sejam cheios do pleno conhecimento da vontade
de Deus, com toda a sabedoria e entendimento
espiritual. E isso para que vocês vivam de
maneira digna do Senhor e em tudo possam
agradá-lo, frutificando em toda boa obra,
crescendo no conhecimento de Deus.
COLOSSENSES 1:9-10

O mundo e a sua cobiça passam,
mas aquele que faz a vontade de Deus
permanece para sempre.
1JOÃO 2:17

Pois é Deus quem efetua em vocês tanto
o querer quanto o realizar, de acordo com
a boa vontade dele.
FILIPENSES 2:13

Versão condensada dos dez focos de oração

ADORE E LOUVE A DEUS POR QUEM ELE É

Pai celestial... Salvador... Aquele que cura... Espírito Santo... Libertador... Provedor...

DECLARE QUE DEUS É O SENHOR DE SUA VIDA

Relacionamentos... Finanças... Decisões... Trabalho... Hábitos... Futuro...

CONVIDE DEUS PARA CONTROLAR SEU DIA

Trabalho... Relacionamentos... Decisões... Realizações... Escolhas... Reuniões...

SUJEITE O CORPO, O CORAÇÃO E A MENTE A DEUS

Boa saúde... Menos estresse... Clareza mental... Sem ansiedade... Perdão total... Grande alegria...

CONFESSE TODO PECADO DE PENSAMENTO OU AÇÃO

Pensamentos pecaminosos... Palavras erradas... Orgulho... Descontentamento... Falta de fé... Mentiras...

BUSQUE A PROTEÇÃO DE DEUS

Meu corpo... Lar... Negócios... Família... Finanças... Reputação...

Conte a Deus os desejos de seu coração

Carreira... Finanças... Relacionamentos... Família... Oportunidades... Realizações...

Ore pelas pessoas em sua vida

Família... Amigos... Colegas de trabalho... Pastores... Vizinhos... Conhecidos...

Interceda pelo mundo ao redor

Comunidade... Estado... Nação... Presidente... Outros países... Líderes mundiais...

Peça que a vontade de Deus seja feita

Família... Trabalho... Decisões... Finanças... Relacionamentos... Vida...

Respostas a oração

Respostas a oração

Respostas a oração

Respostas a oração

Respostas a oração

Compartilhe suas impressões de leitura escrevendo para:
opiniao-do-leitor@mundocristao.com.br
Acesse nosso *site*: www.mundocristao.com.br

Diagramação:	Sonia Peticov
Preparação:	Cecília Eller
Revisão:	Josemar de Souza Pinto
Fonte:	Goudy Old
Gráfica:	Forma Certa
Papel:	Off White 80g/m² (miolo)
	Cartão 250g/m² (capa)